ENTENDIENDO

EL PROPÓSITO Y EL PODER DE LA

MUJER

ENTENDIENDO

EL PROPÓSITO Y EL PODER DE LA

MUJER

Dr. Myles Munroe

**WHITAKER
HOUSE**

ENTENDIENDO EL PROPOSITO Y EL PODER DE LA MUJER

Dr. Myles Munroe
Bahamas Faith Ministry
P.O. Box N9583
Nassau, Bahamas
Correo Electrónico: bfmadmin@bahamas.net.bs
Dirección en la Internet: www.bfmmm.com

ISBN-13: 978-0-88368-314-9
ISBN-10: 0-88368-314-8
Impreso en los Estados Unidos de América
© 2003 por el Dr. Myles Munroe

1030 Hunt Valley Circle
New Kensington, PA 15068
www.whitakerhouse.com

Traducción al español realizada por:
Sí Señor, We Do Translations
Jorge y Margaret Jenkins
Email: sisenortra@aol.com

P.O. Box 62
Middletown, DE 19709 E.U.A.
TEL: (302) 376-7259

Clasificación de Publicaciones e Información de la Biblioteca del Congreso
Munroe, Myles.
[Understanding the purpose and power of woman. Spanish]
Entendiendo el propósito y el poder de la mujer / Myles Munroe.
p. cm.
Summary: "An exploration of God's creation of and intention for the woman, a woman's place in society, and the roles that she fulfills interacting with the man"—Provided by publisher.
ISBN-13: 978-0-88368-314-9 (trade pbk. : alk. paper)
ISBN-10: 0-88368-314-8 (trade pbk. : alk. paper) 1. Women—Religious aspects—Christianity. 2. Sex role—Religious aspects—Christianity. I. Title.
BT704.M8618 2006
248.8'43—dc22   2006023577

3 4 5 6 7 8 9 10 11 12 13 14 ɯ 16 15 14 13 12 11 10 09 08

Dedicatoria

A mi amiga, socia, y amada esposa, Ruth, una mujer que se ha convertido en la encarnación de las cualidades y principios de que trata este libro. Su amor, respeto, apoyo, y la confianza que me tiene a través de los muchos años de matrimonio, me han ayudado a entender el don y la esencia de la mujer.

Para mi amada hija Charisa, a quien le he dedicado mi vida para ser un padre mortal y su protector con la esperanza de que ella se llegará a convertir en la calidad de mujer que es su mamá, y que un día será la esposa noblemente digna de un hombre temeroso de Dios.

A mis amadas hermanas Sheila, Verdel, Suzan, Christine, Deborah, Venessa, y Adine, con quienes crecí, y de quienes he aprendido la esencia del factor femenino.

Y a las mujeres de las naciones en desarrollo del tercer mundo, quienes, por muchos años, han sido víctimas de opresión social, cultural, económica y espiritual. Deseo que ustedes puedan descubrir y experimentar el gozo de la dignidad, de la igualdad, y la plenitud que fue creada dentro de cada una de ustedes.

Reconocimientos

Cada objetivo alcanzado en la vida es el resultado de la contribución de muchos individuos que han contribuido con sus dones, talentos y sabiduría, en forma directa e indirecta para todos nosotros. Este proyecto no es ninguna excepción. Yo estoy en deuda con mi amada esposa Ruth, y con mi madre Louise Munroe, quien ejemplificó los ideales de la maternidad y la nobleza de ser mujer, y a mis preciosas hijas Charisa y Chairo. También quiero darle las gracias a mi editor de Whitaker House, Lois Smith Puglisi, quien en la búsqueda incansable de la verdad y de la claridad, perseveró a través de las demandas de mi horario de viajes tan exhaustivo y a través de las fechas límites para poder hacer llegar este libro hasta cada uno de ustedes. Yo aprecio a cada una de las mujeres de Bahamas Faith International Fellowship, quienes han aplicado estos principios a través de los años por medio de mis programas de enseñanzas. Y más que a nadie, le estoy agradecido al Creador de ambos sexos, hombres y mujeres, Quien nos ha bendecido con todos estos dones.

Contenido

Introducción

E s extremadamente difícil ser una mujer en el siglo veintiuno. Las mujeres alrededor de todo el mundo están enfrentando el dilema de identidad. Muchas mujeres están luchando para descubrir quiénes son y dónde están paradas hoy en día—en la familia, en la comunidad, y en el mundo. Al mismo tiempo que las expectativas personales de la mujer y su papel en varias naciones están cambiando, muchos hombres alrededor del mundo todavía tienen sus propias opiniones acerca del lugar que ocupan las mujeres, y quieren imponer ciertos estándares de conducta sobre ellas. Otros hombres no están seguros acerca del papel y de la función de la mujer, y, por lo tanto, ofrecen muy poco apoyo a las mujeres que están luchando con estas inquietudes de identidad. Adicionalmente, muchas sociedades se encuentran en un lugar de transición con relación a la situación de las mujeres. A causa de estos cambios de posición y de función, muchas mujeres se están encontrando con una difícil cooperación o con un conflicto muy incómodo con relación a los hombres.

La pregunta acerca de la situación de la mujer y el tema de la igualdad de derechos para la mujer son relevantes en cualquier cultura y sociedad en el globo terráqueo. La confusión del mundo acerca del lugar y el valor de las mujeres se manifiesta en muchas maneras. En las naciones industrializadas, el cambiar los papeles de la mujer en la familia y en la sociedad, no sólo ha traído nuevas oportunidades vocacionales para las mujeres, sino que también ha traído asuntos personales y sociales que no se habían previsto. Aunque las mujeres están trabajando en los mismos empleos que los hombres, en promedio, ellas ganan menos que los hombres y tienen menor oportunidad de promociones. Aunque muchas mujeres están preparándose para diferentes carreras, aun siguen haciendo la mayoría del cuidado de los hijos y de las tareas del hogar. El ritmo de tal estilo de vida las deja exhaustas y desilusionadas. En un nivel personal, la confusión acerca de los papeles y las expectativas del hombre y de la mujer ha guiado todo esto a malos entendidos, conflictos, y a relaciones inestables con el sexo opuesto. Las mujeres hoy en día están luchando con el delicado balance de tener que atender las necesidades de sus familias, y de sus carreras, además de la competencia que enfrentan en sus trabajos con los hombres, el torbellino emocional, y la pérdida de ingresos debido al divorcio, el tener que salir adelante como madres solteras, y todo tipo de conflictos que surgen de los cambios culturales, y de la forma en que los hombres y las mujeres se relacionan entre ellos. Algunas mujeres están confundidas acerca de lo que una mujer tiene que ser y acerca de cómo ella debe de comportarse, porque ellas no están seguras acerca de las responsabilidades que una mujer debe tener.

Lo que está empeorando todos estos asuntos, es el hecho de que las culturas alrededor del mundo tienen sus propias ideas acerca del papel y de la identidad de las mujeres, y estas ideas son tan variadas y aun tan contradictorias. En muchos países occidentales, se acepta a la mujer como competidora en el mundo del trabajo y, al mismo tiempo, se espera que ella lleve a cabo las funciones tradicionales de esposa y de mujer. En muchos países subdesarrollados, los puntos de vista acerca del rol o función de las mujeres continúa devalorando su valor y su dignidad. Algunas veces, ella es considerada como el equivalente de una sirvienta doméstica o de una esclava. Una mujer que vive bajo ese punto de vista es extremadamente vulnerable al abuso emocional o físico, a la pobreza, a la enfermedad, y aun, a la muerte. Un ejemplo impactante de esto es el lugar que ocupan las mujeres en Afganistán, a quienes se les niega cuidado médico, educación, empleo y libertades personales. Otro ejemplo de esto es la situación que guardan las mujeres en los países del tercer mundo, quienes están en un muy alto riesgo de contraer SIDA.

El reporte de SIDA en las naciones del mes de junio de las Naciones Unidas, que reporta los datos de la epidemia a nivel mundial, indica que el porcentaje de mujeres que han sido infectadas con SIDA está aumentando. Cincuenta y dos por ciento (1.3 millones) de todas las muertes ocasionadas por el SIDA en el año 2000 fueron mujeres. ¿Cuál es la razón de esto? Muchas mujeres jóvenes y adultas están siendo explotadas sexualmente y están cayendo víctimas de la enfermedad por medio de tener contacto con hombres infectados.

> No estamos tratando con las causas subterráneas de los problemas de las mujeres en todo el mundo.

El alcance y la profundidad de los temas que las mujeres están enfrentando mundialmente es sobrecogedor. Aunque los libros y otros tipos de literatura que tratan acerca de las relaciones entre hombre y mujer y acerca de los derechos de la mujer, no están apuntando a la causa subterránea que de hecho está alimentando las crisis que las mujeres están enfrentando el día de hoy. Mi preocupación es que mientras más tiempo pase sin que esta causa sea vista, más será el tiempo que esta lucha de las mujeres estará continuando.

Yo viajo por todo el mundo, y puedo ver los numerosos problemas de las mujeres de primera mano. Las mujeres están enfrentando una multitud de situaciones y de dilemas, ya sea que vivan en Africa, en Europa, en el Caribe, Sudamérica, Australia, la Antártica, Asia o Norteamérica. Siempre van a haber ciertos factores, como los desastres naturales y la guerra, los cuales van a empeorar los problemas para la mujer y para el hombre de igual forma; sin embargo, *la raíz y causa* de los problemas especiales que enfrentan las mujeres, el tema que grandemente está contribuyendo a su problemática en el mundo, es que básicamente están siendo ignoradas. La mujer en Norteamérica que está tratando de malabarear la carrera con la familia, la mujer en Afganistán que está siendo discriminada de sus derechos básicos y la jovencita en Kenia que acaba de contraer el SIDA, todas éstas, están enfrentando aspectos del mismo dilema. Sus problemas son manifestaciones diferentes de la causa subterránea. El tema central de este libro es descubrir y tratar esta causa subterránea. Entonces, ¿cuál es la raíz y causa del problema?

Antes de que yo conteste esta pregunta, yo quiero decir que no es como si no se hubieran hecho muchos esfuerzos y mucho progreso en cuanto a respetar y valorar a las mujeres. Por ejemplo, desde su concepción, las Naciones Unidas han estado preocupadas con los temas de las mujeres. La declaración de las Naciones Unidas en una de sus partes afirma su "fe en los derechos humanos básicos, en la dignidad y valor del ser humano y en la igualdad de derechos para el hombre y para la mujer". En los años desde que fueron fundadas las Naciones Unidas, han sido adoptados leyes y tratados internacionales que tienen que ver con los derechos de la mujer. Y aun si tú lees el lenguaje de estas exitosas proclamaciones, tú vas a notar la existencia de un tema recurrente. Después de admitir que se ha logrado algo de éxito, las resoluciones admiten que la discriminación en contra de la mujer todavía existe—¡aun entre naciones que han adoptado y juramentado a favor de estas mismas resoluciones! Aquellos que han estado en la tarea de hacer una vida mejor para las mujeres tienen que admitir que el progreso es lento y que el cambio es muy difícil de medir—y aun más difícil de llevar a la práctica.

La convención de las Naciones Unidas para la Eliminación de Todas las Formas de Discriminación en Contra de la Mujer, la cual a menudo es llamada, "El Decreto Internacional de los Derechos de la Mujer", sugiere la causa del problema. Pone en la mira a "la cultura y a la tradición como fuerzas de influencia que determinan las funciones de los géneros y de las relaciones familiares". A través de los siglos y de los milenios, las sociedades por todo el mundo han desarrollado ideas acerca de lo que significa ser mujer o ser hombre, y mucho de lo que ha sido promovido a través de la cultura y de la tradición ha devaluado a la mujer en alguna forma. Tal vez nos podemos hacer la pregunta ciertamente, ¿Qué ha causado que las diversas culturas y tradiciones alrededor del mundo mal entiendan y devaloren a la mujer? ¿Por qué parece que esta actitud está arraigada en el corazón de las gentes en todo el mundo?

El problema básico puede ser resumido de esta manera: Hay verdades fundamentales acerca de la formación del hombre y de la mujer, las cuales se han perdido a través de las culturas y de las tradiciones del mundo, así como las mentes y los corazones de individuos, tanto hombres como mujeres. Han sido sustituidos por perspectivas distorsionadas de las mujeres y de las relaciones entre hombre y mujer, y estas distorsiones han sido promovidas a través de la cultura y tradición. A causa de estas verdades perdidas, los hombres y las mujeres, de igual forma, no entienden la naturaleza de la mujer, ni su potencial, ni su función, y tampoco su contribución, que es única para el mundo. El resultado es que las mujeres son mal entendidas, impedidas de llenar y cumplir con todo su potencial y abusadas. El dolor, la pérdida, el trauma y el peligro físico que esto ha colocado en la mujer es trágico. Ha habido un tremendo desperdicio de vida y de potencial a través de cientos y de miles de años; este desperdicio ha sido catastrófico, no solo para las mujeres, sino también para los hombres y para la sociedad humana como un todo.

Si tú no sabes cómo debe funcionar algo, tú lo vas a mal usar o vas a abusar de ello.

Las mujeres y los hombres, ambos de igual manera, necesitan venir a conocer la verdadera naturaleza de la mujer y su verdadero propósito, si es que queremos intervenir en el conflicto que ha afectado a las mujeres a través de toda la historia, y que todavía sigue afectándolas en el siglo veintiuno. Las mujeres, de igual forma que el hombre, deben obtener nuevas perspectivas de ellas mismas, dado que las mujeres han desarrollado por mucho tiempo sus propios conceptos de las tradiciones culturales formadas por los hombres, los cuales no entendían a las mujeres.

Uno de los puntos principales que yo quiero enfatizar en este libro es que, si tú no sabes cómo debe funcionar algo, vas a acabar por mal usarlo o por abusar de ello. Esto es tan fácil como, para que lo podamos entender, si estamos hablando acerca de cheques que son rebotados debido a que no hemos estado haciendo balance de nuestra chequera adecuadamente, o como el permitir que nuestro automóvil se desgaste lentamente por medio de descuidarlo y no cambiarle el aceite regularmente. De la misma manera, se aplica el principio a nuestro error o falta de entendimiento de la naturaleza inherente de las mujeres (y de los hombres), y la forma cómo fuimos creados para funcionar juntos como seres humanos. La mujer ha sido mal entendida, mal interpretada, y manipulada durante miles de años. Como resultado, ella ha sido y sigue siendo abusada en las sociedades en todo el mundo.

Esta es la razón por la cual tantos esfuerzos del pasado a favor de las mujeres han sido incapaces de tener éxito. Esta es la razón por la cual un país como Afganistán puede parecer que progresa en estar valorando a las mujeres para más tarde retroceder nuevamente. El solo hecho de insistir que las mujeres sean tratadas correctamente no va a cambiar los falsos puntos de vista de los hombres y de las mujeres que se encuentran tan arraigados en muchos hombres y en muchas mujeres. A la gente le falta el entendimiento básico de la naturaleza de la mujer, y dondequiera que exista la falta o ausencia de este tipo de entendimiento, habrá maneras para el mal uso y el abuso de la mujer. Por lo tanto, no sólo necesitamos afirmar el valor de las mujeres, sino que necesitamos cimentar nuevos fundamentos para poder entender quién es una mujer, y cómo ella debe ser vista y tratada. Las resoluciones repetidas de las Naciones Unidas, o los esfuerzos de grupos preocupados—aun con sus buenas intenciones—no pueden, de manera última y definitiva, cambiar los corazones de los hombres.

Debemos ver más allá de las culturas del mundo y debemos redescubrir las verdades intrínsecas acerca de la naturaleza de las mujeres y de los hombres. Debemos trascender la tradición y volver a capturar los principios que pueden liberar a las mujeres para que sean realizadas y valoradas, independientemente de su nacionalidad o ubicación geográfica. Necesitamos entender la naturaleza inherente de una mujer, y las implicaciones de esa naturaleza nos capacitarán para poder tratar asuntos más particulares—ya sea que se trate de equilibrar una carrera y la familia, o estar luchando para recobrar derechos humanos básicos, o estar en riesgo de contraer SIDA.

Si miramos al asunto de los derechos de la mujer desde este punto de vista, nos dará un enfoque más apropiado para resolver los problemas que enfrentan las mujeres. Mucha de la discusión acerca de los derechos de la mujer se centra en lo que la mujer es capaz de hacer, y en lo que se le permite hacer. A mí me gustaría sugerir, sin embargo, que estas preguntas, aunque son importantes, de hecho, son preguntas secundarias. La pregunta fundamental, de la cual todas las demás preguntas pueden derivarse, no es tanto lo que hace una mujer como *quién es ella*, y las implicaciones de quién es ella. Cuando venimos a conocer quién es una mujer, entonces, las funciones que ella tiene en la vida—ya sea como ama de casa, o como mujer de negocios, o como primer ministro—serán vistas bajo una luz completamente nueva, y los conflictos entre los hombres y las mujeres acerca de la situación de las mujeres podrán comenzar a ser resueltos.

Una nota final de precaución: La tentación de las mujeres que han sido devaluadas por los hombres en un momento específico o a través de la discriminación social es querer hacer desaparecer a todos los hombres, o querer tratarlos como si fueran los adversarios. Sin embargo, el hacer esto sería ignorar la formación inherente de los hombres y de las mujeres, y cómo fueron creados para funcionar *juntos*. El resultado final de una acción de este tipo sería muy dañino para el potencial y para el avance de la mujer, y se alcanzaría ningún adelanto con esto.

Noeleen Heyzer, quien es el director ejecutivo para el Fondo de Desarrollo para las Mujeres de las Naciones Unidas, dijo en un mensaje reciente del Día Internacional de la Mujer, "Lo que queremos para el siglo veintiuno es un despertar de la esperanza, que las mujeres en todo el mundo tengan la capacidad de realizar sus sueños de igualdad de acceso, de oportunidades y derechos, de ser libres de toda discriminación, de la falta de tolerancia, y de paz, para que se conviertan en una realidad, y en un mundo mejor para todos nosotros".

Este libro, de hecho, es acerca de esta nueva esperanza para las mujeres en el siglo veintiuno. Las verdades contenidas en él pueden crear un mundo mejor para las mujeres y para los hombres—en la manera como el mundo fue destinado a ser.

—*Myles Munroe*

✿ Uno ✿
El Lugar de la Mujer

Y de esta forma, el mundo retrocede con la muerte de cada uno que ha tenido que sacrificar el desarrollo de sus dones particulares (los cuales fueron, no para satisfacción egoísta, sino para el mejoramiento del mundo) por el bien de lo convencional.
—Florence Nightingale

A mediados de los años 60, James Brown sacó una canción que exponía el espíritu de esa época, el cual se titulaba, "It's a Man's World" (El Mundo Es de los Hombres). Esa canción vendió un millón de discos. (No me imagino quiénes la compraron.) James Brown estaba cantando acerca de una actitud que prevalece en las naciones y en las culturas del mundo. Esa actitud es de hecho, "Aunque las mujeres están aquí, este mundo fue hecho para los hombres. Fue diseñado para los machos. Las mujeres sólo llenan el lugar cuando se les necesita. Ustedes mujeres, deben quedarse en su lugar; este es un mundo para los hombres".

¿Acaso el mundo les pertenece a los hombres? Si es así, ¿en qué lugar quedan las mujeres?

Un Asunto Controversial

Uno de los temas más controversiales de nuestros tiempos modernos—un asunto que ha sido debatido con mucha discusión y con muchas divisiones—es la función, la posición y los derechos de la mujer. Históricamente, en casi toda nación y en toda cultura, las mujeres han sido consideradas como inferiores a los hombres, ocupando un lugar secundario en el mundo. Las siguientes, son percepciones tradicionales de las mujeres que todavía persisten hasta el día de hoy. Las mujeres son consideradas...

- Inferiores a los hombres, ciudadanas de segunda clase.
- Objetos de satisfacción sexual solamente.
- Débiles; incapaces de poseer verdadera fuerza.
- Faltas de inteligencia, y por lo tanto, no tienen nada con que contribuir a la sociedad.
- Propiedad personal de los hombres, el equivalente al ganado.
- Sirvientas personales, cuyo único propósito es suplir las necesidades de sus amos.
- Esclavas domésticas, para ser usadas como se deseé.
- Objetos para ser compartidos hasta que se las acaban, y entonces, se desechan.
- Subhumanas.
- Merecedoras de abuso.

Dependiendo en dónde vives en el mundo, de tus experiencias pasadas, y del hecho si eres hombre o mujer, los puntos en esta lista te pueden haber impactado, o te pueden haber ofendido, los puedes haber ignorado, o pudieron servirte como un doloroso recordatorio de lo que tú tal vez estés enfrentando.

Si tú vives en una nación industrializada que ha visto mejoras significantes en la situación de las mujeres, y en donde las oportunidades se abren para ellas, tú tal vez pienses que estas percepciones negativas de las mujeres no son importantes para tus relaciones o para tu interactuación entre los varones y las hembras en tu sociedad. Aunque las suposiciones subterráneas que están detrás de ellas persisten en cada nación dado que no están influenciadas por cambios legislativos o sociales, sino por las actitudes arraigadas en los corazones y mentes de los hombres y de las mujeres. Las mujeres son mal entendidas y degradadas alrededor de todo el mundo, y esto está causando una tensión emocional, física y espiritual.

Un Problema Universal

Durante miles de años, en casi toda cultura y tradición del mundo, las mujeres han sido devaluadas, y por lo tanto, han sido mal tratadas de alguna manera. ¿Qué es lo que origina este punto de vista? ¿Por qué es este problema tan universal? El hecho de que la devaloración de la mujer se ha esparcido tanto a través de todo el planeta apunta a una causa que va mucho más profundo de la cultura o de la tradición.

Una de las razones por la que el problema de la mujer ha sido un asunto tan difícil de solucionar es porque no es fácil cambiar la mentalidad de un hombre acerca del lugar que debe ocupar una mujer en el mundo. La idea de que este es un mundo para los hombres está arraigada muy profundamente. Aunque se hagan legislaciones o aunque la política pública sea cambiada, tú no puedes cambiar la forma de pensar de un hombre tan fácilmente. Esta devaluación de la mujer que está tan internamente arraigada es la razón de por qué en forma general, las mujeres siguen siendo ignoradas y explotadas en casi todas las sociedades del mundo, a pesar de algunos avances políticos y sociales. En las naciones industrializadas, de la misma forma que en las naciones en desarrollo, el problema de la mujer es muy real. Es trágico el tener que admitir que esto es verdad en nuestra sociedad tan moderna.

Tú no puedes cambiar la forma de pensar de un hombre tan fácilmente.

En el vecindario donde crecí, era muy común para mí el oír a los hombres decir, "Mujer, ¿sabes tú quién soy yo? ¡Yo soy él que lleva los pantalones en esta casa"! Esa declaración supuestamente implicaba quién tenía la autoridad. En estos días, ambos, tanto los hombres como las mujeres, usan pantalones, así que, ¿qué es lo que esa declaración significa actualmente? Este espíritu de dominio masculino, esta actitud de, "Quédate en tu lugar. Tú no tienes nada que decir en esto; tú no tienes ninguna contribución que dar. Tú no tienes sentido alguno, de todas maneras", ha prevalecido en nuestras sociedades por miles de años, y es un espíritu que todavía tiene poder en muchas naciones.

Esta actitud prevaleciente es la razón por la cual los avances políticos y sociales de las mujeres—que de forma superficial parecen ser victorias—pueden llegar a convertirse en cargas para las mujeres, porque en realidad son victorias de un solo lado. Por ejemplo, las mujeres pueden declarar que son iguales a los hombres, y la sociedad puede intentar de poner esto en práctica, pero las actitudes de los hombres (y también de las mujeres) no necesariamente están de acuerdo con este cambio de posición. Esto puede ocasionar perplejidad, tensión y conflicto. Además, todavía existe mucha confusión acerca del papel de la mujer hasta hoy en día.

Los Movimientos de las Mujeres

Solo en el pasado relativamente reciente, y mayormente en las naciones industrializadas, es que se ha levantado gente, y ha discutido acerca de que la devaloración de las mujeres no está correcto. Esta protesta se ha manifestado en varios movimientos femeniles, tales como el movimiento de sufragio para las mujeres en el siglo diecinueve y a principios del siglo veinte. Algunas veces se nos olvida que no ha sido sino hasta muy recientemente que a las mujeres se les dio el derecho para votar en muchos países. No estamos hablando de hace dos siglos; estamos hablando de hace ochenta años atrás, aun para los Estados Unidos de América. Es apenas recientemente que algunos países han considerado a las mujeres como valiosas y como contribuyentes significantes para el flujo principal de la sociedad.

Parte de este cambio vino por medio de documentación. Dos guerras mundiales y la Gran Depresión alteraron la percepción que tenía la gente acerca de la función de las mujeres y acerca de sus capacidades. Mientras que los hombres se encontraban lejos peleando guerras, o buscando trabajo en otras ciudades o estados, las mujeres fueron necesitadas para tomar las funciones y los trabajos que los hombres habían desempeñado tradicionalmente. Después de la Segunda Guerra Mundial, los hombres regresaron a sus trabajos, y se esperaba que muchas mujeres regresaran a sus funciones anteriores, pero el tabú que estaba en contra de que las mujeres trabajaran y contribuyeran en áreas tales como los negocios y el gobierno se había roto. Y aunque predominaban los puntos de vista tradicionales acerca de las mujeres, la cultura había pasado por un cambio muy perceptible.

En los últimos cuarenta años más o menos, en Estados Unidos y en partes de Europa—en países como Inglaterra, Suecia, y Noruega—se ha levantado un espíritu entre las mujeres, es un espíritu que se contrapone a la actitud que prevalecía, el cual dice, "Somos iguales a los hombres. No existe diferencia entre nosotros". En Estados Unidos, este espíritu se ha encapsulado en la frase "igualdad de derechos". El movimiento de igualdad de derechos vino a la luz en los años 60 y originalmente tenía ciertas metas y objetivos en común con el movimiento de los derechos civiles. El espíritu de la canción de James Brown, acerca de que vivimos en un mundo hecho para los hombres, le dio a este movimiento todo su ímpetu, y millones de mujeres se subieron en el vagón del movimiento. "Este no es un mundo hecho para los hombres", ellas dijeron. "Nosotras estamos aquí también". Miles de mujeres marcharon enfrente de la Casa Blanca en la ciudad de Washington, D.C. Ellas llevaban grandes cartelones y pancartas y gritaron en las calles. Ellas sostenían reuniones en los estadios de fútbol y los llenaban a toda su capacidad. Estas mujeres hablaban acerca de pasar un Decreto de Igualdad de Derechos (ERA). Ellas querían hacer enmiendas a la Constitución de los Estados Unidos para que declarara que "la igualdad de los derechos humanos bajo la ley no iba a ser negada o abrogada por los Estados Unidos de América, ni por ningún estado en base al género o sexo". Ellas estaban gritando para que les dieran sus derechos iguales a los de los hombres. Ellas querían tener los mismos derechos que los hombres para participar en el mundo y para poderse involucrar en todo en lo que los hombres están involucrados.

¿Derechos de Quién?

Yo estaba en la universidad durante este tiempo de levantamientos y revolución, y yo acostumbraba sentarme en la clase y escuchar a la gente debatir acerca del tema de los derechos de las mujeres. Yo también acostumbraba sentarme a ver televisión en la sala de la universidad, y yo recuerdo muy claramente haber visto a estas mujeres levantándose, gritando por sus derechos. Aunque yo apreciaba sus preocupaciones en lo general, había algo acerca de la forma en que hacían todo esto que me molestaba. Lo que venía a mi mente a medida que yo las observaba es el hecho de que si tú le pides algo a alguien, tú estás admitiendo que lo tienen; si tú tienes que demandar o pedir algo de alguien, tú estás confesando que lo tienen. Cuando tú haces eso, tú te estás devaluando a ti mismo, porque tú estás, de hecho, cediendo la posesión de tus derechos a alguien más.

Si tú les pides algo a alguien, tú estás admitiendo que lo tienen.

Este principio puede ser aplicado en formas muy variadas. Por ejemplo, se aplica a las relaciones de raza, de la misma manera que se aplica a la relación hombre-mujer. Si el hombre blanco le pide algo al hombre negro, entonces, el hombre blanco le está diciendo al hombre negro, "Tú tienes lo que yo necesito". Si el hombre negro le pide al hombre blanco algo, él le está diciendo al hombre blanco, "Tú tienes algo que es mío". Si la mujer le pide algo al hombre, ella está admitiendo que él es quién lo tiene. Si el hombre le pide algo a la mujer, él está admitiendo que ella controla eso. Cuando tú vas a otra persona o a otro grupo de personas para poder obtener algo que tú estás diciendo que necesitas, tú estás admitiendo que esa persona o grupo de personas tienen posesión sobre aquello.

Por lo tanto, si yo le digo al gobierno, "Dame mis derechos", yo estoy admitiendo ante el gobierno, "Tú tienes jurisdicción sobre mis derechos". Las leyes que definen nuestros derechos pueden llegar a ser buenas, pero debemos recordar que las leyes no nos pueden conceder nuestros derechos, ellas sólo pueden reconocer los derechos que ya tenemos. Yo decidí hace muchos años cuando era un adolescente, que nadie tiene la libertad de controlar mis derechos, porque mis derechos me fueron dados por Dios y son inherentes. Algunas personas se asombran por mi apariencia. Un predicador negro se me acercó una vez y dijo, "Hombre, tú eres un tipo diferente de hombre negro". Yo le dije, "No, yo estoy en control de aquellos cuyas opiniones son importantes". Hay una significante diferencia entre *demandar* nuestros derechos de alguien, y *mostrar* los derechos que uno ya tiene. Este es un principio crítico que debemos de tener en mente a medida que exploramos la razón subterránea de la devaloración de las mujeres. Si entendemos que la posición y los derechos de la mujer en el mundo son inherentes, va a cambiar nuestra táctica para resolver su problemática a nivel mundial.

José es un buen ejemplo de una persona que mostró sus derechos en la forma en que él pensó y vivió. Su historia es relatada en el libro de Génesis. José fue acusado falsamente y fue puesto en la cárcel. Y, sin embargo, él se dijo a sí mismo, "Yo no soy un prisionero", y muy pronto, él fue puesto a cargo de toda la prisión. (Ver Génesis 39.) Todo tiene que ver con la actitud. Los romanos tenían a Jesús atado en cadenas, pero Jesús en esencia le dijo a Pilato, "No estoy atado, tú eres él que está atado". Pilato dijo, ¿"Acaso no sabes quién soy yo"? Jesús le contestó, "Yo sé quién eres tú. Tú eres un tonto. Tú estás siendo manipulado totalmente por la historia y por la profecía. Tú no puedes matarme; Yo no te doy el derecho para que puedas tener poder para matarme. Ningún hombre puede tomar mi vida. Yo soy un Hombre libre". (Ver Juan 19:1–16.) Hay gentes que están en la cárcel en este momento que son espiritualmente libres, y hay gentes que nunca han estado en una cárcel y sólo aparentan estar libres. Interiormente, ellos están atados.

Así que, cuando tú demandas algo, tienes que tener mucho cuidado, porque de una manera subconsciente, tú puedes estar implicando algo. Tú puedes estar sugiriendo que tú en realidad no tienes ningunos derechos. Yo quiero preguntar a las mujeres, ¿Realmente quieren ir a los hombres y decirles, "Yo demando una completa igualdad contigo", implicando que ellos tienen el poder *de hacerte* igual a ellos? Esta es una cosa muy peligrosa de decir. Si tú me convences de que yo tengo el poder y el derecho de hacerte una persona completa, entonces, estás en problemas, porque yo podría usar eso para jugar contigo y para manipularte. Yo podría usar eso para obtener lo que yo quiera. Yo podría darte algunas libertades, como a mí me placiera—solo lo indispensable para poder mantenerte bajo mi control—y guardar el resto. Yo creo que mucha gente en los movimientos para la igualdad están confesando, sin darse cuenta, que ellos ya han entregado sus derechos a otros.

Persiste el Prejuicio

Aun así, países como Estados Unidos o Suecia han elevado recientemente la posición de la mujer a través de enmiendas legislativas, logrando una cierta cantidad de cambio social. Después de una lucha muy difícil, la mujer—de quien en un principio se pensaba como si se tratara de una "portadora de bebés", "como propiedad", "como esclava y sirvienta" y como alguien que hacía el trabajo que los hombres consideraban como inferior a ellos—ahora son participantes en algún porcentaje en los asuntos políticos y cívicos. Su contribución está comenzando a ser apreciada. Muchas mujeres están involucradas en oportunidades y en actividades que antes eran reservadas solo para los hombres, tales como el liderazgo, posiciones gerenciales y deportes.

Sin embargo, aunque podemos decir que esto ha mejorado un poco, en la mayoría de las sociedades, las mujeres todavía están sufriendo el prejuicio que existe de los hombres hacia las mujeres, y esta situación sigue degradando a las mujeres. Los corazones de los hombres no pueden ser cambiados por medio de la legislación. La gente todavía está reaccionando y ajustándose a los cambios civiles y legislativos que han sido hechos en las últimas décadas, de tal manera que, aunque la ley dice, "Las mujeres son iguales a los hombres", esto no quiere decir que los hombres piensan de esta

A las mujeres no se les ha permitido desarrollar todo su potencial.

forma. Como resultado de esto, las mujeres siguen estando confundidas, mal usadas y abusadas. Ellas han estado frustradas y manipuladas. La devaloración constante de las mujeres continúa entorpeciendo el progreso, y las mujeres son tratadas en todas las formas posibles excepto en la forma en que Dios designó originalmente.

La devaloración de las mujeres les está impidiendo vivir en la plenitud de lo que Dios designó que ellas fueran. Han habido notables ejemplos de mujeres a través de la historia que han sido capaces de hacer grandes cosas, capaces de mostrar talento y obras excepcionales, y de contribuir enormemente a la sociedad. Pero a la mayoría de las mujeres no se les ha permitido desarrollar sus dones y personalidades únicas de una manera total, para que pudieran enriquecer sus propias vidas, sus familias, sus iglesias, sus comunidades y al mundo entero.

El problema tan serio que estamos enfrentando, por lo tanto, es que ni siquiera el gobierno puede hacer lo que realmente se necesita para remediar la devaloración de las mujeres, a pesar de la legislación y de los cambios sociales positivos.

¿Pueden Ser Cambiadas las Ideas Negativas acerca de las Mujeres?

¿Pueden ser cambiadas las percepciones negativas que el mundo tiene de las mujeres? ¿Cuál es la causa de la devaloración universal de las mujeres en las sociedades a través de los siglos y alrededor de todo el mundo? ¿Por qué algunas veces es tan difícil para los hombres y para las mujeres el entender los unos a los otros y poder trabajar juntos en armonía dentro de este mundo? La cultura y la tradición, mientras que aparentemente son parte del problema, no pueden ser culpadas completamente, porque el problema se extiende a través de muchas eras y culturas, y parece apuntar a un conflicto que está profundamente arraigado a una relación adversa entre los hombres y las mujeres.

¿Qué, entonces, es la causa de este dilema tan antiguo? Es que hemos perdido lo que significa ser hombre o mujer. El entendimiento de la formación básica del ser humano ha sido descartado u olvidado, y ha sido sustituido con puntos de vista distorsionados acerca de la humanidad. La cultura y la tradición han contribuido al problema por medio de perpetrar estas distorsiones.

Las mujeres, de igual manera que los hombres, necesitan entender la naturaleza inherente de la mujer, porque la mayoría de las mujeres han desarrollado su identidad de los hombres, y ellas no se ven a sí mismas de la manera como Dios las ve. Las mujeres básicamente se han convertido en los productos de las sociedades y de las tradiciones en las que han nacido y han sido criadas. Como mujer, a ti tal vez no te gusta quién eres, aunque tu concepto vino probablemente del medio ambiente en el cual fuiste criada.

Iguales y Diferentes

Si las naciones del mundo hubieran entendido los propósitos de Dios para las mujeres y para los hombres, ellos se habrían dado cuenta que el espíritu de igualdad de derechos que demanda igualdad entre los hombres y las mujeres nunca fue la intención de Dios, porque El ya ha hecho a los hombres y a las mujeres iguales. Los hombres y las mujeres fueron creados iguales. Los hombres y las mujeres son iguales. Y eso no es algo que un senado o un congreso o un gabinete o un parlamento tenga que decidir. Dios ya hizo esta decisión en

> Dios ya ha hecho a los hombres y a las mujeres iguales.

la creación misma. Otra vez, cuando tú les permites a otros declarar quién eres tú, tú estás sometiendo tus derechos a ellos, y tú debes estar preparado para las consecuencias. Nunca le des a nadie el derecho de que puedan decir qué tipo de valor humano tienes tú. Nunca le permitas a nadie decirte qué tipo de persona eres tú. Cuando tú llegas a entender que la igualdad es inherente, y descubres cómo es que debe de ser manifestada en tu vida, entonces, tú comenzarás a vivir en el verdadero ambiente de igualdad, sin importar lo que otros digan acerca de ti.

Hay otro punto que debemos considerar muy cuidadosamente, porque se encuentra al frente de los mal entendidos actuales entre los hombres y las mujeres. Muchos de los que están luchando por la igualdad de derechos dicen que no existe ninguna diferencia entre los hombres y las mujeres. Pero, aunque los hombres y las mujeres han sido creados iguales, también ellos fueron creados diferentes. Esto forma parte de su diseño único. Esta declaración puede confundir a algunos y hacer enojar a otros, porque de alguna manera, hemos venido a creer que *diferente* significa *inferior.* Es verdad que muchas sociedades han promovido el falso punto de vista de que, debido a que las mujeres tienen una formación física y emocional diferente, ellas son de alguna manera inferiores a los hombres. Muy pocas mujeres han adoptado la actitud de sentir que los hombres son inferiores, debido a que son diferentes a las mujeres. Ambos puntos de vista fallan al no apreciar, valorar y celebrar las diferencias complementarias que existen entre los hombres y las mujeres.

En muchas esferas de la vida, no consideramos que las diferencias sean debilidades, sino cualidades mutuas. En la música, ¿quién es más importante en una orquesta, un violín, o él que toca el oboe? Ambos trabajan juntos en armonía. En los deportes, ¿quién es más importante en una carrera combinada de relevos, el nadador que nada tipo libre, o el nadador que nada de dorso? Ambos tienen que ser nadadores muy fuertes en la especialidad de cada uno, porque la carrera, combinada de relevos, no se puede ganar con un solo estilo de nadador. La respuesta a la devaloración histórica de las mujeres no está basada en declarar que no existen diferencias entre los hombres y las mujeres, sino en reconocerlas y en afirmar sus diferencias complementarias. El problema es que no entendemos y no aceptamos estas diferencias para que puedan ser usadas en armonía.

La Causa del Conflicto

Cuando no entendemos y no apreciamos nuestras diferencias que fueron dadas por Dios, inevitablemente, vamos a tener un conflicto. Si la mujer no entiende por qué es de la manera que es, y el hombre no entiende por qué es de la manera que es, entonces van a ocurrir tres tipos de conflictos. Las mujeres no van a poder llevarse bien con las otras mujeres, los hombres no van a poder llevarse bien con los otros hombres, y las mujeres y los hombres no van a poder llevarse bien los unos con los otros.

Mucha gente considera el matrimonio de la misma manera como consideran la compra de un automóvil.

El malentendido y la discordia entre los hombres y las mujeres puede ser ilustrado en la forma como mucha gente considera al matrimonio hoy en día. La mayoría de la gente no están preparados para la relación matrimonial. Ellos lo consideran de la misma forma como consideran la compra de un automóvil. Cuando tú quieres comprar un auto nuevo, ¿cómo es que lo haces? Tú vas a varios distribuidores de autos, comparas los modelos y las características, eliges el que quieres, firmas los documentos, y entonces, manejas tu auto nuevo hacia tu casa. El mero acto de casarse es como comprar ese auto nuevo; ambos son relativamente simples para ti. Tú ves tus opciones, encuentras alguien como tú, vas ante un ministro o ante un juez de paz para la ceremonia, recibes tu acta de matrimonio, y entonces, te vas a casa con tu esposa nueva.

Al principio, todo parece ser sin ningún tipo de esfuerzo. Comprar un auto, manejarlo a casa, estacionarlo en el garaje, y admirarlo en su condición de auto nuevo no es ningún problema. Manejar con el tanque lleno de gasolina que te dieron en la distribuidora de autos no es ningún problema. De manera similar, es fácil casarse con una esposa, pasar a través de ese umbral, y disfrutar la luna de miel. Pasar ese tiempo tan romántico de los sentimientos de la luna de miel está bien por un rato.

Sin embargo, comprar un auto es una cosa; operarlo y darle mantenimiento es otra cosa. De la misma manera, casarse es una cosa, mientras que mantener y hacer crecer la relación es otra cosa.

Un auto debe significar un beneficio para ti, para ayudar a suplir tus necesidades de transportación. Sin embargo, tú debes entender las necesidades del auto, porque llegará un tiempo cuando ese tanque de gasolina necesitará ser llenado otra vez. Llegará un tiempo cuando el auto necesitará un cambio de aceite. Llegará el tiempo cuando se necesitará hacerle algunas reparaciones. Si tú no conoces las necesidades de un auto, tú podrás decir, ¿"Qué le pasa a este auto loco? Vamos auto, tú has estado corriendo durante el último mes. ¿Qué té pasa"? Todo el tiempo que tú has estado diciéndole cosas al auto, el auto ha estado ahí, queriendo servirte. Pero no puede, porque tú no conoces sus necesidades y no las estás atendiendo.

Supón que entonces te dices a ti mismo, "Bueno, cuando me da sed, yo tomo agua, así que el auto debe de necesitar agua. Voy a llenar el tanque de gasolina con agua". Tú tratas de suplir las necesidades del auto basado en tus propias necesidades. Ahora ya tienes un problema, porque el agua con que llenaste el tanque de gasolina ha entrado a todo el sistema y causó muchos daños. Ahora, tu auto no va a funcionar. Así que tú le dices a tu auto, "Cuando yo tomo agua me revivo. ¿Qué anda mal contigo"? Tus necesidades no son las mismas que las necesidades del auto, y las necesidades del auto no son las mismas que tus necesidades. Cuando tú quieres que el auto o que cualquier otra cosa funcione, no les des lo que tú necesitas. Busca lo que necesitan, y entonces, dales lo que necesitan; entonces, van a funcionar para ti.

Lo que ha estado sucediendo en las relaciones entre hombres y mujeres es que hemos, en cierto sentido, puesto agua en el tanque de la gasolina. Hemos estado tratando de funcionar sin entender o sin fijarnos en las necesidades del otro individuo. Hemos estado tratando de operar basados solamente en lo que necesitamos. Esa es la razón por la cual tantas relaciones están como paralizadas. Esa es la razón por la que han habido tantos malos entendidos y conflictos entre los hombres y las mujeres a través de la historia.

Suponemos que un hombre necesita lo mismo que necesita una mujer, y que una mujer necesita lo mismo que un hombre necesita. En muchas formas este no es el caso. Las diferencias son tan grandes que te asombrarían.

¿Le darías costillas a una planta para que comiera? Supón que las costillas son tu comida favorita. ¿Te imaginas tratando de alimentar una planta con un plato lleno de costillas? A ti te gustan las costillas, pero la planta no puede comerlas o digerirlas. Para hacer crecer plantas, tú necesitas entender que ellas necesitan nutrientes que puedan absorber, así como agua y luz. El mismo principio básico se aplica a los hombres y a las mujeres. Hay ciertas similitudes entre los hombres y las mujeres, pero cada uno tiene un diseño único y necesidades que son únicas también. Debemos venir a entender el propósito de todos los elementos relacionados a la función de los hombres y de las mujeres. De otra manera, vamos a estar frustrados continuamente en nuestras relaciones.

Más aun, a causa de que las naciones del mundo han tenido la tendencia a ser gobernadas por hombres, la mayoría de las sociedades han sido establecidas para suplir las necesidades de los varones antes de las necesidades de las mujeres. Para poder intervenir en la problemática y en el conflicto entre los hombres y las mujeres, debemos aprender, debemos entender y debemos apreciar el diseño único de la mujer. Es importante que toda la gente entienda la naturaleza de la mujer, de la misma manera en que fue creada a la imagen de Dios, y en la forma en que se relaciona con el hombre.

Este conocimiento no es solo para aquellos que están en una relación matrimonial. Ya sea que tú estés casado o soltero, que seas hombre o mujer, joven o viejo, tú tienes interactuaciones con mujeres en la familia, en el lugar de trabajo, en la iglesia, en el gobierno, y en casi todas las áreas de la vida. Si tú no entiendes cómo es que la mujer fue diseñada, tú no podrás tratar honesta y efectivamente con ella en estas áreas de la vida.

Por supuesto, el entender el diseño de una mujer (y de un hombre) es extremadamente importante para la relación matrimonial. Cuando aprendemos lo que realmente significa ser mujer y varón, podemos entrar de una manera efectiva a tener relación con los demás, incluyendo en la relación matrimonial. Si tú te encuentras soltero actualmente, y tú aprendes quién eres tú y por qué tú eres cómo eres, así como la forma en que el sexo opuesto fue diseñado y cómo funciona, entonces, si tú te casas, tu matrimonio será un éxito. Tú no tendrás muchos de los conflictos que surgen como fruto de ignorar el propósito y el valor de la mujer y del hombre.

Las necesidades de ambos, tanto de hombres y de mujeres, necesitan ser aprendidas. Sin embargo, a causa de que la mujer ha sido tan mal entendida y devalorada a través de los años, el objetivo de este libro está en su diseño y en sus necesidades, mientras que al mismo tiempo hacemos referencia a la forma en que su formación se relaciona con la formación del hombre.

El Propósito de Dios

Nadie conoce tan bien cómo algo debe funcionar como su creador. Te puedo sugerir que la mejor manera en que nosotros podemos progresar en la relación entre los hombres y las mujeres es ir hacia atrás hasta el principio—ver lo que estaba en la mente del Creador cuando El hizo a la humanidad. Conociendo nuestro diseño original y nuestra formación inherente, es

> Nadie conoce tan bien cómo algo debe funcionar como su creador.

la única manera de traer un cambio duradero y positivo en la forma en que los hombres y las mujeres interactúan los unos con los otros en todas las esferas de la vida.

Yo estoy persuadido que el entender y vivir en el propósito original de Dios es crucial para restaurar las relaciones correctas entre los hombres y las mujeres. Proverbios 19:21 resume esta idea, diciendo muy bien: *"Muchos son los planes en el corazón del hombre, mas el consejo del Señor permanecerá"*. Dios es un Dios de propósito, y todo lo que El ha hecho en esta vida, incluyendo a los hombres y a las mujeres, tiene un propósito. Podemos pelear en contra de Su propósito, pero si lo hacemos, estaremos vacíos y frustrados. El nos hizo en la forma como somos para Sus propósitos y para nuestro beneficio.

A través de todo este libro, vamos a estar regresando continuamente a estos dos principios esenciales:

- El propósito de algo es lo que determina su naturaleza (o diseño).
- La naturaleza (o diseño) de algo es lo que determina sus necesidades.

La naturaleza de la mujer debe de ser entendida a la luz de su propósito, y sus necesidades deben ser entendidas a la luz de su naturaleza. De otra manera, ella no va a poder cumplir el propósito para el cual fue creada.

La cosa más importante que podemos encontrar acerca de nosotros mismos y de los demás es el propósito de nuestra existencia. La triste consecuencia de que los hombres y las mujeres se mal entiendan los unos a los otros es que, cuando no se conoce propósito alguno, el abuso es inevitable. Y ya hemos tenido suficiente de eso.

¿Cuál Es el Lugar de una Mujer?

La controversia acerca de la función, de la posición y de los derechos de la mujer a través de los años, a menudo se ha centrado alrededor de estos puntos de vista aparentemente competitivos de que el lugar de la mujer debe ser:

- "El lugar de la mujer es en la casa".
- "El lugar de la mujer es en el mundo—en los negocios, en la educación y en el gobierno".

Ambos puntos de vista fallan al no capturar la esencia de lo que es el propósito y el diseño de la mujer.

¿Dónde, ultimadamente, está el lugar de la mujer? El lugar de la mujer está, antes que en ninguna otra cosa, *en Dios*. (Lo mismo es la verdad para el hombre.) Es la manera cómo El la creó a ella, en el tremendo valor que El le da, y en los propósitos que El tiene para ella. Es solo cuando abrazamos las implicaciones de esta verdad que podremos resolver la controversia y el conflicto que gira alrededor de la función y papel de la mujer en el mundo.

El lugar de la mujer está en Dios.

Principios

1. Si tú tienes que pedirle a alguien por tus derechos, tú estás admitiendo que él o ella tiene dominio o autoridad sobre ellos.

2. La posición y los derechos de las mujeres han sido dados por Dios y son inherentes.

3. La naturaleza esencial de los hombres y de las mujeres ha sido olvidada por el mundo.

4. La cultura y la tradición han transmitido varios puntos de vista distorsionados acerca de la humanidad.

5. La mayoría de las mujeres han obtenido su identidad de los hombres en lugar de obtenerla de Dios.

6. La devaloración de la mujer le está impidiendo vivir en la plenitud de los propósitos que Dios tiene para ellas.

7. La forma de progresar es regresar a la intención original de Dios en la creación.

8. El propósito de algo es lo que determina su naturaleza o diseño.

9. La naturaleza de algo es lo que determina su función y sus necesidades.

10. El lugar de la mujer está en Dios.

🌺 Dos 🌺
El Propósito de Dios en la Creación

Muchos son los planes en el corazón del hombre,
mas el consejo del Señor permanecerá.
—Proverbios 19:21

La fuente de muchos de nuestros problemas en este mundo, incluyendo todo el mal entendimiento y mal trato de las mujeres, es el hecho de que hemos perdido nuestro entendimiento de lo que significa ser humanos tal y como Dios nos creó. Hemos perdido nuestro sentido del propósito. Yo estoy convencido de que, en cada país en el mundo, ambos, los hombres y las mujeres, están sufriendo de esta ignorancia de propósito. Lo mejor que podemos hacer es descubrir y vivir en el plan original de Aquel que creó a la humanidad. Solo entonces, es que podremos aprender la naturaleza inherente y los derechos de las mujeres y de los hombres, de tal manera que ambos, hombre y mujer, puedan vivir en libertad y en plenitud.

En el siguiente capítulo, vamos a descubrir un aspecto crítico del propósito original de Dios para la humanidad— uno que ha sido olvidado por la mayoría del mundo durante miles de años. Este propósito es la clave para que podamos entender la forma cómo Dios hizo al hombre y a la mujer iguales, únicos y complementarios en su diseño.

Para poder ganar el máximo entendimiento de este aspecto de la creación, sin embargo, primeramente debemos considerar de forma muy breve la importancia de lo que significa que hemos sido creados *intencionalmente* por Dios. Cuando entendemos este concepto, podremos ver qué tan importante es para nuestro bienestar el descubrir los propósitos de Dios para nosotros.

Siete Principios de Propósito

Los siguientes siete principios de propósito nos ayudarán a entender la intención original de Dios para nosotros en la creación.

1. Dios es un Dios de propósito.
2. Dios creó todo con un propósito.
3. No conocemos todos los propósitos, porque hemos perdido nuestro entendimiento de la intención original de Dios para nosotros.
4. Donde se desconoce el propósito, el abuso es inevitable.
5. Para poder descubrir el propósito de algo, nunca le preguntes a la creación; pregúntale al creador.
6. Encontramos nuestro propósito solamente en la mente de nuestro Creador.
7. El propósito de Dios es la clave para nuestra plenitud.

Dios es un Dios de Propósito

Dios es un Ser de propósitos. El propone, El planea, y entonces, El lleva a cabo Sus planes. Dios siempre supo lo que quería hacer aun antes de crearlo; de forma similar, El siempre sabe lo que quiere hacer aun antes de hacerlo.

Este tema se encuentra a través de toda la Biblia, la cual podemos considerar el manual de Dios para nuestra vida. Aquí hay varias expresiones de Su naturaleza con propósito:

Y dijo Dios: Sea la luz. Y hubo luz.   (Génesis 1:3)

El consejo del Señor permanece para siempre, los designios de su corazón de generación en generación.
(Salmo 33:11)

*Ha jurado el Señor de los ejércitos, diciendo:
Ciertamente, tal como lo había pensado, así ha
sucedido; tal como lo había planeado, así se cumplirá.*
(Isaías 14:24)

*Porque como descienden de los cielos la lluvia y la
nieve, y no vuelven allá sino que riegan la tierra,
haciéndola producir y germinar, dando semilla al
sembrador y pan al que come, así será mi palabra
que sale de mi boca, no volverá a mí vacía sin haber
realizado lo que deseo, y logrado el propósito para el
cual la envié.* (Isaías 55:10-11)

*Por tanto, no te avergüences del testimonio de nuestro
Señor, ni de mí, prisionero suyo, sino participa conmigo
en las aflicciones por el evangelio, según el poder
de Dios, quien nos ha salvado y nos ha llamado
con un llamamiento santo, no según nuestras obras,
sino según su propósito y según la gracia que
nos fue dada en Cristo Jesús desde la eternidad.*
(2a. Timoteo 1:8-9)

*Porque los hombres juran por uno mayor que ellos
mismos, y para ellos un juramento dado como
confirmación es el fin de toda discusión. De la misma
manera Dios, deseando mostrar más plenamente a
los herederos de la promesa la inmutabilidad de su
propósito, interpuso un juramento.* (Hebreos 6:16-17)

Dios siempre tiene propósito, y El siempre lleva a cabo
Sus propósitos. Yo quiero dirigir tu atención a Isaías 14:24 y
a Hebreos 6:16-17, los cuales ilustran un aspecto vital de la
naturaleza llena de propósito de Dios. Primero, el versículo
de Isaías: *"Ha jurado el Señor de los ejércitos, diciendo:
Ciertamente, tal como lo había pensado, así ha sucedido; tal
como lo había planeado, así se cumplirá"* (Isaías 14:24).

La primera parte del versículo dice que Dios ha jurado
un juramento. Ahora, cuando la gente jura algún juramento,
ellos tienen que encontrar algo más grande que ellos para
jurar. *"Porque los hombres juran por uno mayor que ellos
mismos, y para ellos un juramento dado como confirmación*

es el fin de toda discusión" (Hebreos 6:16). Normalmente juramos por la Biblia o por alguna institución muy grande. Hay un problema con el hecho de que Dios haga un juramento: no hay nadie superior a El. Así que Dios tiene que jurar por El Mismo.

Si tú eres llamado como un testigo para la corte o el tribunal, se te pide que jures en la Biblia, "Yo juro decir la verdad, toda la verdad, y nada más que la verdad, delante de Dios". Si tú llegaras a mentir, sería tanto como desacreditar la integridad de la Biblia—y tú estarías destruyendo tu propia integridad también. Si tú rompes tu juramento, cualquier cosa por lo que juraste es desacreditado o destruido.

Cuando Dios hace un juramento con relación a algo, El tiene que cumplir aquello que juró hacer, porque El es totalmente fiel a Sí Mismo. Dios no quiere que nosotros tengamos alguna duda acerca de este aspecto de Su naturaleza. *"De la misma manera Dios, deseando mostrar más plenamente a los herederos de la promesa la inmutabilidad de su propósito, interpuso un juramento"* (Hebreos 6:17).

Vemos este principio expresado en la segunda parte de Isaías 14:24, donde dice, *"Ha jurado el Señor de los ejércitos, diciendo: Ciertamente,*

Antes de que cambie el propósito de Dios, El dejaría de ser Dios.

tal como lo había pensado, así ha sucedido; tal como lo había planeado, así se cumplirá". De hecho, Dios está diciendo, "Cuando Yo juro hacer algo, antes de que ese plan falle, Yo dejaría de ser Dios". La tercera parte del versículo dice, *"De la manera de que lo propuse, así será".* Otra vez, El está diciendo, "Cuando Yo me propongo a hacer algo, y cuando Yo le doy propósito a algo, antes de que este propósito cambie, Yo dejaría de ser Dios". Dios nunca va a dejar de ser Dios. Así que cuando El hace un juramento con relación a algo, tú puedes estar seguro de que El va a hacer aquello que ha dicho que hará.

Si vemos los versículos que continúan en Isaías 14:24, leemos lo siguiente,

*Este es el plan acordado contra toda la tierra, y esta es
la mano que está extendida contra todas las naciones.
Si el Señor de los ejércitos lo ha determinado, ¿quién
puede frustrarlo? Y en cuanto a su mano extendida,
¿quién puede volverla atrás?*   (Isaías 14:26–27)

En esencia, Dios está diciendo, "Mi propósito se
cumplirá. Nadie puede interferir con El ni obstacularizarlo.
Cuando Yo le doy propósito a algo, tus planes, tus ideas,
tus opiniones, tus percepciones y los prejuicios con los que
tú pienses que el propósito debería de ser, son totalmente
obsoletos y sin aplicación alguna. Lo que tú piensas acerca
de lo que Yo he propuesto no va a cambiar Mi propósito ni
Mi designio. Y antes de que mi propósito pudiera cambiar,
Yo dejaría de ser Dios".

Déjame preguntarte, si esto llegara a ser una
competencia entre tú y Dios, ¿quién crees que va a
ganar? Si Dios establece un propósito para algo, no hay
nada que podamos hacer para cambiarlo. *"Muchos son
los planes en el corazón del hombre, mas el consejo del
Señor permanecerá"* (Proverbios 19:21). Lo que necesitamos
recordar, sin embargo, es que si tratamos de cambiar Sus
planes, entonces estamos obrando en contra de nosotros
mismos, porque El nos ha creado para bien y tiene nuestros
mejores intereses en Su mente.

Esto significa que, dado que Dios hizo al hombre y a la
mujer para ciertos propósitos, y El los diseñó para cumplir
esos propósitos, no hay nada que tú ni yo podamos hacer
para cambiarlos. No podemos alterar Su diseño. La psicología
tal vez trata de decirnos el propósito del hombre y de la
mujer, pero la psicología no puede influenciar los propósitos y
designios de Dios; son incambiables. Todo lo que la psicología
puede hacer es explorar e investigar los misterios de la
naturaleza del hombre y de la mujer. La psicología nunca
puede cambiar su naturaleza. La teología también puede
tratar de decirnos el propósito de la humanidad, pero la
teología no puede influenciar a Dios tampoco. Lo que la
teología dice acerca de Dios y del hombre es solo tan veraz
como pueda expresar acertadamente su naturaleza.

La teología está muy limitada si se basa solamente en lo que una persona ha experimentado. Una persona nunca debería levantar una doctrina basada solamente en su experiencia con Dios o en lo que percibe que haya sido su experiencia. Nunca confundas tu conocimiento limitado de Dios con doctrina bíblica, porque tu conocimiento puede cambiar la próxima semana. Lo que tú conoces acerca de Dios hoy en día es lo que El te ha mostrado hasta ahora. Mañana, tú vas a conocer y a entender más. La Biblia es la revelación de Dios de El Mismo hacia nosotros y es nuestra fuente más confiable de Su naturaleza y Sus propósitos.

Dios Creó Todo con un Propósito

Consideremos ahora la naturaleza del propósito en sí mismo. El propósito es la intención original del creador en la creación de algo. Es lo que está en la mente del creador que le hace formar su producto en cierta manera. En otras palabras, el propósito motiva la acción de la creación. Esto resulta en una producción precisa.

Dado que Dios es un Dios de propósito, El nunca creó nada, esperando que algún día podía convertirse en algo útil. El primero decidió lo que iba a ser, y entonces lo hizo. Esto significa que El siempre empieza con un producto terminado en Su mente.

Considera estas preguntas:

¿Por qué son los humanos diferentes de los animales?
¿Por qué es un pájaro diferente de un pez?
¿Por qué el sol es diferente de la luna?
¿Por qué una estrella es diferente de otra estrella?
¿Por qué las mujeres son diferentes de los hombres?

Yo quiero contestar todas estas preguntas con una declaración: Todo es de la manera como es, a causa de la razón *por qué* fue creado. El *porqué* dicta el diseño. Dios creó todo con un propósito, y El creó todo con la habilidad de cumplir su propósito para lo cual fue creado. Los propósitos de Dios siempre fueron planeados con tiempo de anticipación; todo fue "ya hecho" en la mente del Creador antes de que El lo creara.

Lo que esto significa es que Dios nunca da un propósito a algo después de haberlo hecho; al contrario, El forma todo a fin de llenar y cumplir el propósito específico que El ya tenía en mente para ello. Dios diseñó todo para que funcione de acuerdo a su propósito, y todo es tal y como es porque la razón de su propósito le requiere ser así. El propósito de una cosa determina su naturaleza, su diseño y sus características.

Para entender cómo funcionamos como seres humanos, tenemos que ir al Manual que nos ha sido dado por el Diseñador y Fabricante que nos creó. Primera de Corintios 15:38 afirma el principio de que Dios hizo todo de acuerdo a Su propósito: *"Pero Dios le da* (a una semilla) *un cuerpo como El quiso, y a cada semilla su propio cuerpo".* Vamos a considerar cuidadosamente esta instrucción o indicación del Manual de Dios. Cuando dice, *"Dios da a* (la semilla) *su cuerpo",* esto significa que El diseñó esta semilla en la forma como El determinó. Noten que El da a la semilla un cuerpo *"como El quiso."* Determinar o querer significa hacer una decisión aun antes de comenzar. Por lo tanto, Dios determinó lo que El quería, y entonces, El lo hizo en la forma en que El quería que fuera.

> El propósito de algo es lo que determina su naturaleza, su diseño y sus características.

"Y lo que siembras, no siembras el cuerpo que nacerá, sino grano desnudo, quizás de trigo o de alguna otra especie. Pero Dios...." (v. 37–38). *"Pero Dios".* Estamos hablando acerca de Dios, como la corporación. El es el fabricante. El creó todo. *"Pero Dios le da un cuerpo como El quiso, y a cada semilla su propio cuerpo. No toda carne es la misma carne"* (v. 38–39). Digámoslo de otra manera: todas las especies son diferentes. Dios determinó que ellas tenían que ser diferentes; por lo tanto, son diferentes.

"No toda carne es la misma carne, sino que una es la de los hombres, otra la de las bestias, otra la de las aves y otra la de los peces" (v. 39). Por supuesto, la palabra

"carne" en este versículo no se refiere a la carne como músculo; al contrario, se refiere a la naturaleza de la creatura—las características de su diseño. Dios determinó que los seres humanos serían diferentes de los animales en su naturaleza. El también determinó que los pájaros y los peces tendrían naturalezas distintas. El pasaje continúa y dice,

> *Hay, asimismo, cuerpos celestiales y cuerpos terrestres,*
> *pero la gloria del celestial es una, y la del terrestre*
> *es otra. Hay una gloria del sol, y otra gloria*
> *de la luna, y otra gloria de las estrellas; pues*
> *una estrella es distinta de otra estrella en gloria.*
> (1a. Corintios 15:40–41)

El sol está dispuesto a hacer un trabajo que la luna no está supuesto a hacer, por lo tanto, Dios creó a la luna diferente al sol. La luna debe de hacer su propio trabajo y ningún otro diferente. La luna no da luz; refleja la luz. Por lo tanto, Dios no puso ninguna luz en la luna. Dios también hizo estrellas de diferentes tamaños y luminosidad, para sus propios propósitos. El punto es que Dios hizo todo tal y como es, como causa de lo que está supuesto a hacer.

Para ilustrar este principio más ampliamente, mira a la ropa que llevas puesta. Tú puedes ver que el diseñador y el fabricante la creó con un propósito. El propósito fue producir una pieza de vestir que tú puedas usar para cubrir tu cuerpo y para mantenerte ya sea, fresco o caliente. Para poder cumplir este propósito, el diseñador tuvo que crear tu ropa de tal forma que pudiera cumplir con este trabajo, y, además, cumplir de manera eficiente. Quiero que notes cómo tu ropa va de acuerdo al tamaño de tu cuerpo. Las mangas de tu camisa no llegan abajo hasta tus pies. El cuello de la camisa no va alrededor de la cintura. Tu ropa fue diseñada con el propósito para el cual fue hecha. Lo mismo es verdad con relación a otros tipos de productos.

Hay otros aspectos del propósito y del diseño que necesitamos considerar. Supón que tú compras una cámara fotográfica. Aunque tú tal vez no entiendas todo acerca de cómo fue construida tu cámara, sus componentes todavía son necesarios para el cumplimiento de su propósito. Solo porque tú no entiendes la naturaleza de un producto, o porque no puedes operarlo, no deberías enojarte. Tal vez nada está fallando; tú sólo no sabes cómo funciona. Si tú no puedes operar tu cámara, esto no significa que tú tienes que tirarla. Tú no entiendes lo que estaba en la mente de aquellos que construyeron la cámara, porque esa es el área de su especialidad. Sin embargo, ellos están conscientes de esto, y por lo tanto, ellos proveen un manual para que tú te refieras a ese manual cada vez que tú usas tu cámara.

> Hemos ignorado el Manual y nos hemos frustrado, porque nuestras relaciones no están funcionando.

Cuando viene a las relaciones entre hombre y mujer, es como si hubiéramos comprado la cámara sin tener el entrenamiento adecuado en cómo operarla. Hemos ignorado el Manual y nos hemos frustrado, porque nuestras relaciones no están funcionando—la mayoría de las veces, después de haber pagado bastante dinero por ellas también. Cuando mucha gente se casa, ellos gastan grandes cantidades de dinero en la boda, pero ellos no saben cómo es que un matrimonio está supuesto a funcionar.

Ahora, aunque hemos tirado el Manual, a menudo buscamos ayuda y consejo. Mucha gente acude a los programas de televisión con entrevistadores, a las revistas, y a los libros, para tratar de encontrar la forma de hacer funcionar sus relaciones. Sin embargo, muchos de estos medios de comunicación sólo están distribuyendo psicología barata. Ten mucho cuidado cuando tú comienzas a tomar sus consejos acerca de las relaciones, porque la mitad de la gente que está en estos programas y en estos artículos no son casados, y nunca lo fueron, y muy probablemente ellos no podrían permanecer casados si lo estuvieron.

Dios es nuestro Diseñador y Fabricante. El supo exactamente lo que El quería cuando El pensó en la mujer. El la tuvo en Su mente aun antes de crearla. El primero concluyó lo que El quería, entonces, El la creó e hizo que ella funcionara exactamente en la forma en que El había planeado. El hizo lo mismo con el hombre. El lo creó de acuerdo a lo que El había decidido que el hombre debía de ser. Dios no se metió en el negocio de la fabricación solo esperando que El podría crear algo que funcionara. El comenzó con el diseño original en Su mente, y Su producto terminado es paralelo a la intención de Su propósito. El es el Unico que conoce cómo la humanidad debe de funcionar exitosamente.

No Conocemos Todos los Propósitos

Así que, todo lo que existe en la vida, todo lo que Dios ha creado, tiene un propósito, y ha sido diseñado de acuerdo a ese propósito. Sin embargo, no conocemos todos los propósitos. La humanidad ha perdido el conocimiento de los propósitos de Dios. No ha respetado el hecho de que la creación de Dios, y de que Sus indicaciones para vivir, fueron establecidas por una razón específica, y de que, si se abandona ese propósito, nunca funcionaremos adecuadamente como seres humanos.

En el capítulo tres, vamos a aprender las consecuencias de lo que sucedió cuando la humanidad rechazó el plan de Dios. Lo que necesitamos reconocer en este punto es que el resultado de este rechazo nos ha estado debilitando: hemos estado creciendo más y más lejos de la intención y del diseño original de Dios, y por lo tanto, funcionamos menos y menos de como debiéramos. Esto nos ha dejado incompletos, frustrados y en un conflicto del uno con el otro.

El primer capítulo de Romanos explica que cuando la gente rechaza o ignora los propósitos de Dios, ellos terminan abusando continuamente de ellos mismos. Ellos abusan de sus cuerpos, de sus mentes, de sus relaciones y de sus talentos.

> *Pues aunque conocían a Dios, no le honraron como a Dios ni le dieron gracias, sino que se hicieron vanos en sus razonamientos y su necio corazón fue entenebrecido.* (Romanos 1:21)

Este versículo describe a aquellos que no conocieron el propósito de Dios y que ni siquiera les importó saber cuál es. Aunque sabían algo acerca de Dios y de Sus caminos, ellos no lo querían a El en sus vidas. Ellos no querían saber lo que El quería que supieran. Ellos estaban diciendo de hecho, "Mantén Tus opiniones acerca de quiénes somos para Ti Mismo, Dios. Sabemos que Tú nos hiciste, pero métete en Tus propios negocios. Sabemos que tú estás allá afuera en algún lado, pero déjanos en paz".

El siguiente versículo nos dice el resultado de su decisión: *"Profesando ser sabios, se volvieron necios"* (v. 22). Ellos *"cambiaron la verdad de Dios por la mentira"* y *"cambiaron la función natural por la que es contra la naturaleza"* (v. 25–26).

¿Cuándo tomó lugar el intercambio de lo que es contra naturaleza, sustituyendo a lo natural? Toma lugar cuando el propósito es ignorado o desconocido.

"Y así como ellos no tuvieron a bien reconocer a Dios, Dios los entregó a una mente depravada, para que hicieran las cosas que no convienen" (v. 28). Ellos no pensaron que valía la pena buscar el propósito de Dios para el mundo o retener el conocimiento de Dios de por qué El hizo a la humanidad. Ellos no se preocuparon de buscar la razón por la que Dios hizo al hombre y a la mujer. Ellos no quisieron buscar lo que Dios sabe acerca de las cosas que El ha hecho. Ellos no quisieron saber nada, y por lo tanto, ellos dependieron de sus propias inclinaciones.

La humanidad ha estado diciendo, "Métete en Tus propios negocios, Dios".

Las declaraciones anteriores del libro de Romanos son una descripción de la humanidad en general. Hemos rechazado el conocer a Dios y sus propósitos, y, por lo tanto, la intención original para nosotros no ha sido comunicada en muchas de nuestras culturas y tradiciones. Se ha perdido o ha sido obscurecida. En lugar de eso, han pasado puntos de vista distorsionados de tal manera, que la gente no sabe cómo relacionarse unos con otros de la manera como debieran hacerlo. El problema es que, cuando no sabemos cómo debemos funcionar, acabamos abusando los unos de los otros.

Cuando Se Desconoce el Propósito, el Abuso Es Inevitable

Cuando la humanidad rechazó a Dios, El les dio lo que ellos querían. El los entregó a sus propias pasiones (Romanos 1:24, 26). Esto no es tan simple como suena. Si Dios sólo nos hubiera entregado a lo que nosotros queríamos, la implicación sería que podríamos tener éxito a pesar de El. Pero cuando Dios nos entregó, El también nos permitió experimentar los resultados inevitables de nuestras acciones. Dios no sólo dijo, "Está bien, haz lo que quieras". El dijo, "Si tú haces lo que tú quieras, vas a terminar depravado, porque esa no es la forma en que Yo te hice" (v. 28).

El principio aquí es que tú no te puedes alejar de Dios y tener éxito. Tú no puedes cortar tu relación con el Fabricante y esperar encontrar refacciones o partes en cualquier otro lado. Cuando tú ignoras la garantía, cualquier refacción o parte que tú encuentres no va a ser genuina. Tú no puedes convertirte en un mejor producto sin la ayuda del Fabricante.

Dios dice que cuando rechazamos Sus propósitos, El nos entrega a una mente depravada. En otras palabras, El nos está diciendo, "Sin Mí, tu mente no va a mejorar; sólo va a empeorar". Por lo tanto, si pensamos que podemos encontrar la manera de ser mejores mujeres u hombres sin Dios, estamos en problemas, porque las consecuencias son muy serias. Cuando creemos que no necesitamos a Dios, empeoramos más y más. ¿Cuánta gente ha estado sufriendo de estas consecuencias? Si tú no quieres vivir en los propósitos que Dios tiene para la humanidad, entonces tú vas a terminar por hacerte mucho daño a ti mismo.

> Tú no puedes alejarte del plan de Dios y tener éxito.

"Muchos son los planes en el corazón del hombre, mas el consejo del Señor permanecerá" (Proverbios 19:21). Nosotros tenemos muchos planes, pero Dios tiene un propósito. La mayor parte del tiempo, nuestros planes no están en armonía con el propósito de Dios. Yo creo que es apropiado incluir el concepto de opiniones o percepciones en la palabra

"planes". Tenemos muchas opiniones y percepciones con relación a cómo deberían ser las cosas o para qué fueron hechas, pero Dios tiene un propósito para todo lo que El hizo. Por lo tanto, lo que tú piensas que es el propósito de algo, y lo que realmente es su propósito, puede ser diferente. El problema es que, si tus planes no están de acuerdo con el propósito de Dios, tú vas a sufrir abuso en ti mismo o vas a infligir abuso en los demás, porque donde no se conoce el propósito, el abuso es inevitable. Si tú no conoces el propósito de una cosa, lo único que vas a hacer es abusarla, no importando qué tan sincero, qué tan dedicado, qué tan serio, o qué tan inocente eres.

No deberíamos intentar de usar nada hasta que no encontráramos las razones de su existencia, porque cuando no sabemos las intenciones del creador, no vamos a poder tratar su creación adecuadamente. Necesitamos entender completamente que cuando el propósito no se conoce, el abuso es inevitable. Si tú no sabes lo que estaba en la mente del creador de una cosa, lo único que puedes hacer, en el mejor de los casos, es no usarla de forma adecuada. Sin embargo, normalmente, tú vas a ir más allá de ese punto, y la vas a abusar. Si tú no sabes el propósito de tu propia existencia, entonces, no importa qué tan sincero, o qué tan honesto tú seas, lo único que puedes hacer es abusar de tu vida. La cosa más importante que podemos hacer, por lo tanto, es buscar el propósito de Dios para nosotros. A menos que tengamos este conocimiento, vamos a abusar de lo que El ha creado. Hemos estado haciendo eso con la mujer por miles de años.

¿Qué sucede cuando no sabemos la razón real y el propósito de nuestra existencia?

> *Porque la ira de Dios se revela desde el cielo contra toda impiedad e injusticia de los hombres, que con injusticia restringen la verdad; porque lo que se conoce acerca de Dios es evidente dentro de ellos, pues Dios se lo hizo evidente.* (Romanos 1:18–19)

La Escritura dice que la ira de Dios ya está revelada desde los cielos en contra de toda impiedad e injusticia.

Yo creo que esta declaración significa que cuando tú te apartas de Dios, tú mismo causas muchos de tus propios problemas; Dios no te está castigando. Muchas de tus heridas vienen en el paquete de consecuencias que tú recibes como resultado de la decisión que has hecho de ignorar a Dios y Sus caminos. La quemada está en el fuego. En otras palabras, tú ni siquiera necesitas la intervención de Dios para quemarte; sólo pon tu mano en el fuego. El juicio de poner tu mano en el fuego está inherente en el fuego mismo: tú te quemas.

Aquí hay otra ilustración de este principio. El juicio por beber veneno es muerte por envenenamiento. Tú no necesitas que Dios te mate después de beber veneno. Lo que esta declaración está diciendo es que Dios no tiene que hacer nada para juzgarte. Tú te juzgas a ti mismo por medio de tus actividades, a través de tu participación, la cual está basada en tu decisión de vivir de acuerdo a tu propio conocimiento. Por consecuencia, tú eres víctima de tu propia decisión, y no del juicio de Dios.

Algunas gentes le echan la culpa al diablo por los resultados de sus acciones. No culpes al diablo; él sólo toma ventaja de tus decisiones. El diablo no puede dominarte y tampoco puede forzarte a que hagas nada. El diablo sólo espera tus decisiones. Cuando tú haces una mala decisión, él te va a llevar hasta el final, o tan lejos como él pueda, y él va a tratar de tirarte junto con ello. Satanás no es el culpable. El culpable es tu rechazo o tu ignorancia del propósito de Dios. Tú no sabes el propósito de Dios para vivir, y por lo tanto, tú abusas de tu vida. Ten cuidado; ese abuso te puede convertir en un inválido o te puede matar.

> A menudo, usamos los dones de Dios para lastimar a otros en lugar de bendecirlos.

Aunque la humanidad se ha alejado de Dios, El todavía nos crea con dones y con talentos que tienen la intención de ser usados para cumplir Sus propósitos. Y como no sabemos cómo deben ser usados, tomamos los talentos que El nos ha dado y los usamos contra nosotros mismos y contra los demás.

Por ejemplo, Romanos 1:29 dice que una de las manifestaciones de una mente depravada es la injusticia o la maldad. Algunas de las gentes más malvadas en el mundo son sabios cuando tiene que ver con la información. Son gentes muy inteligentes. Son tan inteligentes que pueden ser malvados, pero con mucha clase. Algunas gentes son dotadas, pero usan sus dones en una manera tan malvada que sus víctimas no saben lo que les ha sucedido hasta que todo ha pasado.

La maldad, la codicia y todas las formas de depravación, pueden ser combinadas con la inteligencia y con la habilidad, y pueden ser usadas para fines malvados. Por ejemplo, se necesita talento para ser envidioso en una manera verdaderamente efectiva. Algunas gentes te odian, pero tú no lo sabes, porque son tan buenas en hacer esto. Ellos te impiden que tengas éxito en tu trabajo por medio de escribir memorándums muy bien colocados a tus superiores. Si ellos sólo pudieran usar esa energía y ese talento para buenos propósitos, ellos podrían levantar a la gente en lugar de estarlos tirando. Ellos abusan la misma cosa que les fue dada para bendecir a otros. Cuando no se conoce el propósito, el abuso es inevitable.

Algunos de nosotros somos excelentes para matar. Asesinar no sólo significa acuchillar a alguien. Jesús dijo que si tú odias a alguien, eso es el equivalente de asesinar. (Ver Mateo 5:21–22). Hay gentes que no han actuado de acuerdo a sus sentimientos, pero mentalmente han deseado la muerte de otro.

La infamación es otro ejemplo de este tipo de asesinato. Podemos usar el talento de la elocuencia verbal para asesinar el carácter de otra persona con mucho estilo. La infamación no necesariamente significa estar mintiendo acerca de alguien; también puede significar estar torciendo la verdad con la intención de lastimar. Se necesita mucho talento para hacer esto. Cuando algunas gentes quieren vengarse de otras, se paran en foros públicos y usan sus bocas como armas y sus palabras como balas. Cuando han acabado de disparar, sus víctimas están muertas, y todo el mundo lo sabe. Algunas de sus víctimas jamás llegan a sobrevivir de estos ataques.

Un tercer ejemplo de este tipo de asesinato es el chisme. Todos alguna vez hemos tenido la oportunidad de haber encontrado chismosos excelentes y muy altamente calificados. Ellos se entrenan en eso. Ellos saben cómo darte solo lo suficiente como para crear un aroma de tentación. Si algunas gentes tomaran la energía con que ellos hacen sus chismes, y la usaran para promover el Evangelio, el mundo entero sería cambiado por completo.

La habilidad y el talento para poder llevar a cabo algunos de estos tipos de comportamiento viene de Dios, pero ha sido pervertido, porque no está siendo usado para los propósitos de Dios. Cuando no se conoce el propósito, el abuso se hace inevitable.

El Apóstol Pablo nos dijo que todo lo que Dios ha hecho está a nuestra disposición para que hagamos lo que queramos con ello, pero él agregó una advertencia: *"Todas las cosas me son lícitas, —pero no todas son de provecho. Todas las cosas me son lícitas, —pero yo no me dejaré dominar por ninguna"* (1a. Corintios 6:12). Entonces, él dio un ejemplo. El dijo, *"Los alimentos son para el estómago y el estómago para los alimentos"* (v. 13). ¿De qué estaba él hablando? El estaba diciendo que hay un propósito para todas las cosas, pero que si tú no conoces el propósito de algo, te puede esclavizar. No todo te beneficia.

Pablo estaba implicando que si vamos a usar la comida en una forma que nos va a beneficiar, debemos entender tanto el propósito del estómago como el propósito de la comida. El estómago y la comida fueron hechos el uno para el otro. Dios diseñó el estómago para la comida y la comida para el estómago para que pudiéramos recibir nutrición para sostener nuestra vida física. Sin embargo, podemos abusar de la relación entre el estómago y la comida por medio de comer demasiado, o por medio de comer alimentos que no tienen ningún valor nutritivo. Esto puede hacer que tengamos obesidad o que nos falte la nutrición adecuada, lo cual resulta en una variedad de problemas en nuestra salud. Cuando no se conoce el propósito, o cuando el deseo nos apresura a mal usar el propósito, el abuso es inevitable.

Pablo estaba diciendo que tú puedes usar todo lo que tú quieras, pero sería mejor que encontraras cuál es el propósito, a fin de que te puedas beneficiar. Si tú no entiendes el propósito de algo, se puede convertir como en una maldición para ti. Por ejemplo, hay algunas personas que están solteros o solteras que se ponen muy nerviosos y deprimidos por el hecho de que se están haciendo viejos, y, por lo tanto, se casan con la primera persona que se les parece. A ellos se les permite que se casen. Tienen edad para casarse. Tienen permiso para hacerlo—pero, ¿esto que están haciendo acaso les va a beneficiar? El criterio para casarse no es el hecho de tener edad suficiente, sino el hecho de ver si te va a beneficiar o no. Si tú no entiendes claramente el propósito de algo, no te va a beneficiar. Esa es la razón por la cual el porcentaje de divorcios es tan alto. Cuando no se conoce el propósito, el abuso es inevitable.

Estas ilustraciones enfatizan lo que sucede cuando no conocemos los propósitos de Dios: terminamos por lastimarnos a nosotros mismos o lastimando a otros. Algunas veces lo hacemos por ignorancia, pero otras veces lo hacemos conscientemente. En ocasiones, para callar nuestra culpa, aún animamos a otros a que continúen con tal tipo de abuso. Romanos 1:32 dice, *"Aunque conocen el decreto de Dios* (conocen lo que El dice en Su Palabra) *que los que practican tales cosas son dignos de muerte, no sólo las hacen, sino que también dan su aprobación a los que las practican"*.

Ellos conocen lo que está escrito en la Palabra de Dios—que aquellos que hacen estas cosas malvadas merecen la muerte. (Ver los versículos 29–32.) Y, sin embargo, no sólo siguen haciendo estas cosas, sino que también animan a otros para que las hagan también. Cuando una persona está mal, se siente mejor si hay alguien más que le haga compañía en su maldad. Si yo estoy haciendo algo malo, pero tú no estás haciendo algo malo, entonces, *yo realmente siento* que estoy haciendo algo malo. Pero, si yo estoy haciendo algo malo, y yo te enredo en mi maldad, entonces, ambos podemos sentirnos justificados en nuestras acciones.

Una persona que está ignorando consciente y voluntariamente los propósitos de Dios, por lo general no quiere que nadie más se entere de lo que está haciendo. Jesús les dijo a los fariseos, que eran los líderes religiosos en esos tiempos, que esto era básicamente lo que estaban haciendo. Muchos de ellos sabían la verdad, pero rehusaban aceptarla. *"Pero, ¡ay de vosotros, escribas y fariseos, hipócritas!, porque cerráis el reino de los cielos delante de los hombres, pues ni vosotros entráis, ni dejáis entrar a los que están entrando"* (Mateo 23:13).

Si ignoramos o no sabemos los propósitos de Dios para nosotros, estamos en peligro de lastimarnos a nosotros mismos o de lastimar a otros. Cuando no se conoce el propósito, el abuso es inevitable.

Para Descubrir el Propósito, Nunca Le Preguntes a la Creación; Pregúntale al Creador

Nuevamente, nadie conoce el producto ni la forma en que éste trabaja mejor, excepto aquel que lo hizo. De la misma manera, él que creó el producto es el más capacitado para arreglarlo cuando se ha descompuesto y no está funcionando. Cuando un alfarero trabaja en una vasija y ve que tiene un defecto en ella, el alfarero vuelve a convertirlo en una masa y comienza de nuevo, o si acaso la vasija ya ha sido cocida en el fuego, el alfarero tiene que quebrarla por completo y comenzar otra vez.

Ahora, cuando la vasija comienza a contestarle al alfarero, algo anda mal. (Ver Isaías 29:16.) El alfarero sabe mucho mejor que la vasija cómo ésta debe ser confeccionada. La vasija no le puede decir al alfarero, "Tú no deberías hacerme de esta manera", porque la vasija no puede ver el diseño total, de la manera en que lo ve el alfarero. Cuando esto viene a las relaciones entre hombres y mujeres, y a la devaloración de la sociedad sobre las mujeres, muy a menudo es que hemos murmurado en contra del Alfarero, en lugar de tratar de entender cómo y para qué es que fuimos creados. Más aun, nuestros sustitutos que tratan de reemplazar Su diseño maestro no funcionan. Algunos de nosotros tenemos nuestras actitudes, nuestras perspectivas, y nuestras vidas totalmente remodeladas. Algunos de nosotros hemos ido tan lejos en la dirección equivocada, de tal manera que necesitamos un ajuste total. Esta es la razón por la cual los principios en este libro son muy serios y muy asombrosos, pero también muy necesarios para la restauración de la humanidad en los propósitos de Dios.

Si tú quieres descubrir el propósito de algo, nunca le preguntes a la creación; pregúntale al que la formó. La creación tal vez piensa que no vale nada, pero el creador sabe cómo está formada. Muchas gentes creen que no valen nada o que no tienen ningún propósito. Aunque el primer capítulo de nuestro Manual nos dice, *"Y vio Dios todo lo que había hecho, y he aquí que era bueno en gran manera"* (Génesis 1:31). Hay algo bueno en la creación de Dios, no importa qué tan confuso se ve para nosotros. Hay algo bueno en cada persona, aunque sea muy difícil de encontrar. Hay algo bueno acerca de todo lo que Dios ha hecho. Necesitamos acercarnos a Dios para encontrar los buenos propósitos para los cuales El nos ha creado. *"Porque Dios es quien obra en vosotros tanto el querer como el hacer, para su beneplácito"* (Filipenses 2:13).

> La creación tal vez piensa que no vale nada, pero el creador sabe cómo está formada.

Encontramos Nuestro Propósito Solo en Nuestro Creador

Cuando tratamos de componer nuestras relaciones o de cambiar a la sociedad usando nuestros propios métodos, nunca vamos a tener éxito completamente y, a menudo, vamos a fallar completamente. Fallamos porque estamos tratando de hacer un cambio basados en las razones equivocadas y usando los métodos equivocados. Por eso es que necesitamos regresar al Fabricante y recibir Sus instrucciones para nuestras vidas. La única manera en que podemos tener éxito es por medio de descubrir y vivir en los propósitos de nuestro Creador, sufriendo en nosotros mismos una transformación, aun en la manera en que pensamos de nosotros mismos como seres humanos.

Romanos 12:1–2 nos anima a entregarnos a Dios para que podamos recibir Sus principios para vivir, en lugar de conformarnos al modelo de vida de este mundo.

Por consiguiente, hermanos, os ruego por las misericordias de Dios que presentéis vuestros cuerpos como sacrificio vivo y santo, aceptable a Dios, que es vuestro culto racional. Y no os adaptéis a este mundo, sino transformaos mediante la renovación de vuestra mente, para que verifiquéis cuál es la voluntad de Dios: lo que es bueno, aceptable y perfecto.

En otras palabras, no debemos conformarnos a la opinión que este mundo tiene en cuanto al propósito de la humanidad, sino que debemos ser transformados a la intención original que tuvo Dios en la creación, de tal manera que podamos vivir en paz con nosotros mismos y con los demás. Hacemos esto a través de presentar nuestros cuerpos a Dios, para que puedan estar alineados con Su propósito para nuestros cuerpos, y por medio de presentar nuestras mentes a El, para que puedan estar alineadas con Su propósito para nuestra mente. Nuestras mentes deben de ser transformadas a medida que son renovadas. Entonces, verdaderamente seremos capaces de conocer *"cuál es la voluntad de Dios—agradable y perfecta"*.

Muchos de nosotros no sabemos el perfecto propósito de Dios para nuestros cuerpos. Hemos estado abusándolos—vendiéndolos barato, llenándolos con alcohol, con drogas, con nicotina, o con demasiada comida. Hemos estado haciendo un desastre con nuestra vida.

Nuestros cuerpos debieran de ser el templo de Dios. Cuando tú presentas tu cuerpo al Fabricante, ¿qué es lo que El hace con el? El lo llena con Su Propio Espíritu, de tal manera que puedas ser lleno con Su vida y Su propósito. *¿"O no sabéis que vuestro cuerpo es templo del Espíritu Santo, que está en vosotros, el cual tenéis de Dios, y que no sois vuestros"?* (1a. Corintios 6:19).

Cuando tú presentas tu espíritu al Fabricante, se convierte en *"la lámpara del Señor"* (Proverbios 20:27), que es, una expresión de la luz de Dios. Es de la misma manera cuando tú presentas tu mente y tu alma a tu Fabricante. Son renovados por Su Palabra, la cual es luz a tu camino (Salmo 119:105). David dijo en el Salmo 19:7, *"La ley del Señor es perfecta, que restaura el alma; el testimonio del Señor es seguro, que hace sabio al sencillo"*. Los caminos de Dios van a transformar tu espíritu, tu mente y tu apariencia. Cuando te presentas a Dios y aprendes de El, tú vas a entender Su propósito.

Por lo tanto, para poder buscar el propósito de Dios, primero tú debes presentarte ante Dios, para que tú puedas *conocer* Su perfecta voluntad. Entonces, tú vas a ser transformado, para que puedas *hacer* Su perfecta voluntad. De esta manera, Sus buenos propósitos se pueden cumplir en ti.

El Propósito de Dios Es la Clave para Nuestra Plenitud

Dado que todo lo que Dios creó fue intencional, podemos concluir que la mujer, de la misma manera que el varón, fue creada intencionalmente. Dios nunca se puso a preguntar por qué El había hecho a la mujer, o cuál debía ser su propósito, después de haberla creado. El fue muy claro acerca de por qué El hizo Su creación maravillosa, y por lo tanto, tampoco tenemos que estar adivinando acerca de ella. La mujer fue creada para ayudar a cumplir el propósito eterno de Dios. Su propósito eterno es grande, y dentro de Su gran propósito, El tiene muchos propósitos pequeños. Ambos, la mujer y el hombre, tienen que descubrir sus propósitos individuales, los cuales son parte del gran plan de Dios.

Proverbios 19:21 es nuestra Escritura fundamental para poder entender nuestro verdadero propósito como seres humanos: *"Muchos son los planes en el corazón del hombre, mas el consejo del Señor permanecerá"*. Los pensamientos claves que estamos mencionando aquí son que Dios tiene un propósito para todas las cosas, y que El siempre cumple Su propósito al final. La mejor manera de experimentar la plenitud en tu vida es encontrar el propósito de Dios, y entonces, trabajar junto con El para cumplirlo.

Para que la mujer verdaderamente pueda cumplir su propósito, ella tiene que entender el propósito de Dios para la humanidad. Para que el hombre verdaderamente pueda cumplir su propósito, él tiene que entender el propósito de Dios para la humanidad. *"Por consiguiente, hermanos, os ruego por las misericordias de Dios que presentéis vuestros cuerpos como sacrificio vivo y santo, aceptable a Dios, que es vuestro culto racional"* (Romanos 12:1). Convertirse en lo que El ha propuesto para nosotros, es un acto de adoración para nuestro Creador.

Los Propósitos Ideales de Dios

Los siete principios de propósito en este capítulo muestran claramente que si no sabemos por qué fue hecha la mujer, ella va a ser mal usada o abusada. En los capítulos siguientes, vamos a aprender el propósito, la naturaleza y el diseño de la mujer en la forma en que ella fue creada a la imagen de Dios y en la forma cómo ella se relaciona al hombre. Estos son los propósitos ideales de Dios para la mujer y para el hombre, en los cuales deseamos avanzar. Sin embargo, debemos tener presente en nuestra mente, que el hecho de entrar en los propósitos de Dios va a ser un proceso continuo de aprendizaje y de transformación. Por lo tanto, necesitamos ser pacientes con nosotros mismos. Estamos comenzando en el punto donde nos encontramos actualmente—y no en el lugar dónde debiéramos estar, y no en el lugar adónde tenemos que llegar.

Pablo nos dijo, en relación a nuestro crecimiento espiritual, que debemos olvidar las cosas que quedan atrás, y alcanzar lo que está delante de nosotros. Debemos proseguir hacia la meta, la cual es *"el supremo llamamiento de Dios en Cristo Jesús"* (Filipenses 3:13). Cuando Jesús vino a la tierra, El nos enseñó el blanco hacia el cual debemos apuntar. Así que todo lo que El dice, es lo que nosotros debemos buscar. El nos mostró el plan original de Dios para que podamos tener algo hacia dónde apuntar. Nunca debemos aceptar lo que tenemos actualmente como

> Nunca debemos aceptar lo que tenemos actualmente como nuestra norma.

nuestra norma. Aunque tal vez sea la corriente popular, si no es la intención de Dios, es anormal. Nunca debemos de vivir tan por debajo de nuestro privilegio de tal manera que comencemos a creer una mentira y la llamemos verdad. Cuando tú comienzas a entender y a vivir en los propósitos de Dios, la gente se va a sentir muy incómoda contigo. Cuando tú les dices, "Miren, yo sé lo que es ser mujer. Yo fui con el Fabricante y obtuve el Manual indicado", ellos tal vez digan, "Oh, no, eso es un Manual muy viejo; está fuera de moda". Sin embargo, no podemos mejorar el original.

Cuando nosotros—ambos mujeres y hombres— obtengamos entendimiento de nuestra singularidad y propósito en Dios, seremos capaces de ayudarnos uno al otro a entender adecuadamente y a cumplir las vidas para las cuales Dios nos creó. Entonces, también seremos capaces de vivir en la correcta relación con Dios, y en la libertad, y en las bendiciones que El planeó para nosotros en la creación. Lo que es más, cuando componemos las relaciones descompuestas que existen entre la mujer y el hombre, los cuales ambos fueron creados en la imagen de Dios, comenzaremos a ver sanidad y a ver un nuevo propósito para los individuos, para las comunidades y para las naciones de nuestro mundo.

Principios

1. Dios es un Dios de propósito.

2. Cuando Dios hace un juramento con relación a algo, El tiene que cumplir lo que El juró hacer, porque El es completamente fiel a Sí Mismo.

3. Dios creó todo conforme a la intención de Su propósito.

4. No conocemos todos los propósitos por causa de que hemos perdido nuestro entendimiento de la intención original de Dios para nosotros.

5. Donde no se conoce el propósito, el abuso es inevitable.

6. Tú no puedes apartarte del plan de Dios y tener éxito.

7. Si tú quieres saber el propósito de algo, nunca le preguntes a la cosa; pregúntale a quién la creó.

8. Encontramos nuestro propósito en la mente de nuestro Creador.

9. El propósito de Dios es la clave para nuestra plenitud.

Tres

El Propósito y la Naturaleza de la Humanidad

Creó, pues, Dios al hombre a imagen suya, a imagen de Dios lo creó; varón y hembra los creó.
—Génesis 1:27

V eamos ahora el propósito de la humanidad, comenzando con los dos primeros seres humanos que Dios creó, porque ellos nos representan a todos nosotros. Cuando Dios creó a la humanidad, El tenía dos propósitos sobresalientes en mente: *relación* y *vocación*. El primer propósito es la razón personal de Dios para crearnos—para tener relación con El Mismo. El segundo es Su razón ejecutiva para crearnos—la función que El diseñó para que hagamos en esta tierra para El.

La Creación del Hombre

El libro de Génesis nos dice el origen de la humanidad. Génesis 1 es un capítulo de declaración. Declara lo que Dios hizo en la creación. Génesis 2 es un capítulo de explicación. Explica la forma cómo Dios cumplió su acto de creación. En Génesis 1:26–27, leemos lo siguiente,

Y dijo Dios: Hagamos al hombre a nuestra imagen, conforme a nuestra semejanza; y ejerza dominio sobre

59

los peces del mar, sobre las aves del cielo, sobre los ganados, sobre toda la tierra, y sobre todo reptil que se arrastra sobre la tierra. Creó, pues, Dios al hombre a imagen suya, a imagen de Dios lo creó; varón y hembra los creó.

La primera pregunta que necesitamos hacernos es, ¿por qué Dios decidió crear al hombre? La segunda es, ¿qué es lo que significa ser creado a la imagen de Dios? La tercera, ¿qué es lo que significa para el hombre el tener dominio sobre toda la tierra? La cuarta, ¿por qué creó Dios hombre y mujer?

¿Por Qué Creó Dios al Hombre?

El propósito final detrás de la creación del hombre fue—y es—amor. La Escritura nos dice que *"Dios es amor"* (1a. Juan 4:8, 16). Lo que a mí me gusta especialmente de esta declaración es que Dios no sólo da amor, El no sólo muestra amor, sino que El *es* amor. El desea compartir Su amor con nosotros, porque el amor es Su cualidad esencial.

> Dios creó al hombre por amor.

De pasta a pasta, la Palabra de Dios enseña que Dios es amor. Considera estos pasajes:

Desde lejos el Señor se le apareció, diciendo: Con amor eterno te he amado, por eso te he atraído con misericordia. (Jeremías 31:3)

El Señor tu Dios está en medio de ti, guerrero victorioso; se gozará en ti con alegría, en su amor guardará silencio, se regocijará por ti con cantos de júbilo. (Sofonías 3:17)

Porque estoy convencido de que ni la muerte, ni la vida, ni ángeles, ni principados, ni lo presente, ni lo por venir, ni los poderes, ni lo alto, ni lo profundo, ni ninguna otra cosa creada nos podrá separar del amor de Dios que es en Cristo Jesús Señor nuestro. (Romanos 8:38–39)

Pero Dios, que es rico en misericordia, por causa del gran amor con que nos amó, aun cuando estábamos muertos en nuestros delitos, nos dio vida juntamente con Cristo. (Efesios 2:4–5)

Mirad cuán gran amor nos ha otorgado el Padre, para que seamos llamados hijos de Dios. (1a. Juan 3:1)

Dios tiene muchas otras cualidades que podemos enlistar además del amor. El es justo, santo, omnipotente, todopoderoso. El es todas estas cosas maravillosas. Aun, Dios podría ser todos estos atributos, y existir por Sí Mismo en aislamiento. El no necesita a nadie más para ser santo. El no necesita a nadie más para ser justo. El no necesita a nadie más para ser todopoderoso. El puede ser omnipotente, omnipresente, y todo el resto de Sus cualidades por Sí Mismo. Sin embargo, es la naturaleza del amor el darse a sí mismo, y no puede darse en aislamiento. Para que el amor pueda ser cumplido, tiene que tener a alguien a quién amar, y tiene que entregarse a su amado.

"Yo soy el SEÑOR, y no hay ningún otro; fuera de mí no hay Dios. Yo te ceñiré, aunque no me has conocido" (Isaías 45:5). No hay otro Dios fuera del Señor, y aun, El es un Dios de relación, no de aislamiento. El desea a alguien de Su naturaleza y de Su semejanza a quién El puede amar. Por lo tanto, la primera motivación de Dios en la creación del hombre fue el amor. El creó al hombre porque El quería compartir Su amor con un ser que fuera como El Mismo, un ser creado a Su propio imagen.

Esta verdad me asombra. Génesis nos dice que Dios creó los cielos y la tierra. El creó todas las plantas y todos los animales. El hizo al sol, a las estrellas, las galaxias, los milenios, y a los iones. El vio a todas estas cosas maravillosas que El había creado, y El dijo que eran buenas. Sin embargo, El realmente no pudo amar a estas cosas porque no eran como El. Sí, reflejaban Su poder, Su gloria, y Su creatividad; revelaban Su naturaleza y Sus cualidades, pero no habían sido hechas a Su básica semejanza. Es el hombre al que Dios creó, quien fue hecho a Su imagen y semejanza para amarlo.

En el Nuevo Testamento, Jesús afirma y ejemplifica el amor de Dios para nosotros. El dice, *"Porque de tal manera amó Dios al mundo, que dio a su Hijo unigénito"* (Juan 3:16). Dios *"dio."* Lo dio porque amó. Tú no puedes amar sin tener que dar. Cuando tú amas, tú das. Es automático. Pero para dar el amor en una forma que llene verdaderamente, el que lo recibe tiene que ser como la naturaleza de quien lo da; de otra manera, el amor no puede estar completo. Tú no puedes dar en una forma significante a algo que no es como tú, porque no puede recibir tu regalo en una manera que satisfaga tu sentido de dar. El dar sólo está completo cuando el dador y el receptor son iguales o semejantes. Dios deseó un amor mutuo y compartido—no un tipo de amor de un solo lado.

Dios vio a lo que había creado, y aquí está este hombre, este bello duplicado de El Mismo. Aquí había alguien con quien podía llenar y hacer cumplir Su amor. Esta relación de amor fue el primer propósito para el cual Dios creó al hombre. Esto no es solo un concepto abstracto. Esto significa que toda la raza humana—incluyéndote a ti y a mí también—fue creada por Dios para ser amada por El.

Hace algunos años, yo estaba meditando en la pregunta de por qué, cuando la humanidad rechaza los caminos de Dios, Dios no comenzó todo de nuevo, creando una nueva raza de hombres. La razón es que Dios no hace las cosas dos veces. Su amor es puro e incondicional; no está basado en las acciones del receptor. Por lo tanto, cuando entregamos nuestra vida a Dios, no deberíamos hacerlo creyendo que Dios sólo siente lástima por nosotros. Deberíamos acercarnos a Dios, porque, como respuesta a tal clase de amor incondicional, no podemos amar a nadie más de la manera como amamos a Dios.

Dios y la humanidad fueron hechos el uno para el otro. No importa a quién más amas tú, tú nunca vas a estar satisfecho hasta en tanto que tú ames a Dios. No importa qué tantas relaciones tú llegues a tener y cuántos regalos tú compres para otras personas, cuando todo se acaba, tú todavía vas a estar solo. ¿Por qué? Es porque la persona para la cual tú fuiste creado para amar, por encima de todo lo demás—Dios—no tiene el lugar en tu vida que El necesita tener. Tú fuiste hecho para amar a Dios. Tu amor fue diseñado para satisfacerlo a El.

¿Qué Significa Ser Creado a la Imagen de Dios?

¿Cuál es esta imagen de Dios en la que fuimos creados?

Cuando Dios dice, *"Y dijo Dios: Hagamos al hombre a nuestra imagen, conforme a nuestra semejanza"* (Génesis 1:26), El estaba diciendo, de hecho, "Vamos a hacer a alguien a quien podamos amar, y vamos a llamarlo 'hombre'". Y puesto que queremos que el hombre sea el objeto de nuestro amor, vamos a hacer al hombre a nuestra imagen y a nuestra semejanza. Esta creación tiene que ser tal y como nosotros". Por lo tanto, cuando Dios creó al hombre, El básicamente lo sacó de El Mismo, para que la esencia del hombre pudiera ser tal y como El. De esta manera, el receptor podría ser de igual manera como el Dador, y podría reciprocar Su amor. Dios creó al hombre a partir de Su propia esencia. Dado que *"Dios es espíritu"* (Juan 4:24), El creó al hombre como espíritu. Este es un aspecto vital de la creación al cual volveremos después.

> Dios sacó al hombre de Sí Mismo.

El hombre es el único ser viviente sobre la faz del planeta—y aun en el universo, que conocemos—que ha sido creado a la imagen de Dios. Esto incluye a los ángeles. En ninguna parte de la Biblia encuentras que los ángeles hayan sido hechos a la imagen de Dios. Sin embargo, el hombre salió de Dios y fue creado a Su imagen y a Su semejanza. El hombre es el único ser de la creación de Dios que es como El.

Así que el hombre—el hombre-espíritu—fue creado como resultado del amor de Dios. Debes notar cuidadosamente, que en este punto, todavía estamos hablando acerca de la creación del hombre, el espíritu. Todavía no estamos hablando acerca del hombre y de la mujer. ¿A quién creó Dios a Su imagen? Al hombre. El hombre es espíritu, y los espíritus no tienen género. La Biblia nunca habla acerca de un espíritu masculino o femenino. Dios creó el hombre-espíritu sin género alguno.

Pero leemos lo siguiente en Génesis 1:27, *"Creó, pues, Dios al hombre a imagen suya, a imagen de Dios lo creó; varón y hembra los creó"*. Dios tomó a este hombre-espíritu, y El lo colocó en dos formas físicas: el varón y la mujer. El hombre-espíritu nunca es ni varón ni mujer. Sin embargo, para cumplir Sus propósitos eternos, Dios usa dos formas físicas, llamados hombre y mujer, a fin de poder expresar la entidad única del hombre. Por lo tanto, la esencia de ambos, el hombre y la mujer, es el espíritu que habita dentro de ellos llamado "hombre".

En la Biblia, cuando Dios habla a la humanidad, El usa el término *hombre*. El nunca se refiere al varón o a la mujer a menos de que El les esté hablando a ciertos individuos en particular. En lugar de eso, El le habla al hombre que está dentro de ambos. El se refiere al hombre-espíritu. Muchos de nosotros estamos preocupados de la manifestación exterior del hombre o de la mujer, cuando deberíamos estarnos enfocando en el hombre-espíritu. Por ejemplo, algunas gentes dicen, "Yo no creo en las mujeres predicadoras". Sin embargo, ellos fallan al no darse cuenta de que existe un hombre dentro de la mujer. Si a ti no te gustan las mujeres predicadoras, entonces, sólo cierra tus ojos y escucha, porque hay un hombre dentro de ellas. Permite que el hombre que existe dentro de ella te predique. Dios trata con el ser interior (Efesios 3:16). Pablo dijo en Gálatas 3:28 que en el Cuerpo de Cristo no hay hombre ni mujer, ni esclavos o amos. Cuando Dios trata con la gente, El trata con su espíritu. Génesis 5:1–2 dice, *"Este es el libro de las generaciones de Adán. El día que Dios creó al hombre, a semejanza de Dios lo hizo. Varón y hembra los creó, y los bendijo, y los llamó (a los dos) Adán (hombre) el día en que fueron creados"*. ¿A quién llamó Dios hombre? A los dos, al varón y a la mujer. Por lo tanto, sería incorrecto que tú me llamaras a mí "hombre", y a mi mujer "no-hombre". Ambos de nosotros somos hombre. Dios se está refiriendo al espíritu que vive dentro.

Dios trata con el hombre interior de cada uno de nosotros porque *"Dios es espíritu, y los que le adoran deben adorarle en espíritu y en verdad"* (Juan 4:24). Nosotros adoramos a Dios con nuestro espíritu y no con nuestro género. Esto significa, que si tú eres un hombre, delante de Dios, tu espíritu no depende de tu esposa. Si tú eres una mujer, delante de Dios, tu espíritu no depende de tu marido.

Muchos hombres parecen tener esta impresión. Ellos llevan a sus mujeres y las dejan en la iglesia, porque sus mujeres les van a cubrir, mientras que ellos van a hacer otras actividades. "Ella es la espiritual de la casa", piensan ellos. "Ella va a orar por los niños, y ella va a orar por mí. Yo sólo voy a ir a jugar béisbol". Pero el hombre que está dentro del varón y el hombre que está dentro de la mujer son cada uno responsables delante de Dios.

Muchas mujeres también mal entienden esta verdad. Ellas parecen estar esperando que sus esposos se conviertan en cristianos antes de que ellas adoren a Dios. Si a sus esposos no les importa nada acerca de Dios, ese hecho no tiene nada que ver con su propia adoración de El. Una mujer tiene espíritu; ella es un ser espiritual responsable. Aun si el esposo de una mujer quiere vivir de una manera malvada y ser abominación a Dios, ella tiene que adorar al Señor de todas maneras. Dios no le va a decir a ella, "Bueno, dado que tu esposo no me adora, está bien que tú no lo hagas tampoco".

La Biblia dice que cada persona debe responder por sí mismo delante de Dios (Romanos 14:10). Dios va a tratar con nosotros de Espíritu a espíritu. Por lo tanto, espiritualmente, a Dios no le importa si tú eres hombre o mujer. El está preocupado con el hombre-espíritu. Tu relación con Dios no depende de si eres hombre o mujer. Tú debes acercarte a Dios por medio de tu espíritu.

La presencia del hombre-espíritu dentro de nosotros, es la razón por la cual la Biblia dice que todos los hombres pecaron, en lugar de decir que "los hombres y las mujeres pecaron". *"La muerte se extendió a todos los hombres, porque todos pecaron"* (Romanos 5:12). La palabra *"hombres"* en este versículo, está traducida de la palabra griega *antropos*, queriendo significar seres humanos. Con la excepción de Cristo Jesús, cada ser espiritual humano desde Adán en adelante ha pecado, ya sea hombre o mujer. ¿Alguna vez te has puesto a pensar por qué, cuando una esposa se vuelve cristiana, Dios no siempre salva a su marido al mismo tiempo? La razón es que él es un ser espiritual diferente. Dios dice que las esposas creyentes santifican a sus esposos incrédulos, lo cual significa que ellas los mantienen en un ambiente de protección, de tal manera que Dios pueda alcanzarlos (1a. Corintios 7:13–14). Sin embargo, estos esposos todavía tienen que acudir a Dios por su propia cuenta.

"Hombre" significa ambos, varón y mujer.

Así que la persona que vive dentro de ti, tu verdadero ser, es el hombre-espíritu. No importa lo que cualquiera diga, tú eres responsable por tu relación con Dios.

El hecho de que el mismo espíritu del hombre vive en ambos, hombre y mujer, ha sido olvidado generalmente por la humanidad, de tal manera que los hombres y las mujeres terminan luchando unos contra otros por la supremacía, como si alguno de ellos necesitara probar su superioridad sobre el otro. Pero ninguno es superior, porque ambos son de la misma esencia, aun con sus diferencias.

¿Qué Significa para el Hombre el Tener Dominio?

La razón personal por la cual Dios creó a la humanidad, fue para establecer una relación de amor con el hombre. Dios creó al hombre—el hombre-espíritu—a Su propia imagen, para que el amor pudiera ser dado y recibido gratuitamente entre el Creador y el creado. Dios también creó al hombre para una vocación—para llevar a cabo Sus propósitos en la tierra. ¿Cuál es la naturaleza central de ese propósito?

Y dijo Dios: Hagamos al hombre a nuestra imagen, conforme a nuestra semejanza; y ejerza dominio sobre los peces del mar, sobre las aves del cielo, sobre los ganados, sobre toda la tierra, y sobre todo reptil que se arrastra sobre la tierra. Creó, pues, Dios al hombre a

*imagen suya, a imagen de Dios lo creó; varón y hembra
los creó. Y los bendijo Dios, y les dijo: Sed fecundos
y multiplicaos, y llenad la tierra y sojuzgadla; ejerced
dominio sobre los peces del mar, sobre las aves del
cielo y sobre todo ser viviente que se mueve sobre la
tierra.* (Génesis 1:26–28)

El hombre fue creado para tener dominio sobre la tierra,
para gobernarla. Mantengamos en mente que la palabra
"hombre" en Génesis 1:26 se refiere a la especie que Dios
hizo, el ser espiritual llamado "hombre". Esto significa que
el propósito de dominio les fue dado a ambos, hombre y
mujer, dado que el hombre-espíritu vive en cada uno de
ellos. Por lo tanto, espiritualmente, ambos hombre y mujer,
tienen la misma responsabilidad hacia la tierra.

¿Qué significa para el hombre el tener dominio sobre
el mundo? Primero, Dios ha confiado la tierra al cuidado
del hombre. El encargo que Dios le dio a la humanidad de
tener dominio significa que el hombre es el propietario de
la tierra física, incluyendo a todos los otros seres vivientes
del mundo—peces, pájaros, ganado, todos los animales. En
Génesis 2, leemos que el hombre fue colocado en el Jardín
del Edén para cuidarlo y para cultivarlo. Esto es lo que la
raza humana tiene que hacer con toda la tierra: cuidarla y
cultivarla. Dios le dijo a la humanidad, de hecho, "Gobierna
sobre mi mundo. Cuídalo. Domínalo y modélalo conforme
a tu propia creatividad". De esta manera, el hombre podría
reflejar el espíritu creativo y amoroso con el cual él fue
hecho a la imagen de Dios.

Pero tener dominio significa mucho más que solo cuidar
del mundo físico. Dado que el hombre es tanto físico como
espiritual en su naturaleza, la humanidad debe reflejar a
Dios y a Sus propósitos en el área espiritual, así como en
el área terrenal. Efesios 3:10–11 nos dice que el propósito
eterno de Dios para la humanidad fue hecho posible a
través de la venida de Cristo Jesús:

*A fin de que la infinita sabiduría de Dios sea ahora
dada a conocer por medio de la iglesia a los principados
y potestades en los lugares celestiales, conforme al*

propósito eterno que llevó a cabo en Cristo Jesús nuestro Señor. (Efesios 3:10–11)

El eterno propósito de Dios es que todo el mundo espiritual, incluyendo a los poderes de las tinieblas, lleguen a conocer Su sabiduría a través de nosotros. ¡Qué asombrosa responsabilidad! Si los gobernantes y las autoridades en las esferas celestiales quieren conocer cómo es Dios y lo que El ha hecho, ellos están supuestos a mirarnos a nosotros. Si el diablo quiere saber cómo es Dios, el está dispuesto a mirarnos a nosotros. Muchos de nosotros no estamos mostrándole al diablo cómo es Dios; le estamos mostrando al diablo cómo es él. Sin embargo, el propósito de Dios es que El pueda mostrar Su multiforme sabiduría a todo el mundo espiritual a través de aquellos a quien El ha creado y redimido en Cristo Jesús. De esta manera, a través de las esferas físicas y espirituales, se le ha dado al hombre el reflejar la sabiduría, la creatividad, el poder y la gloria de Dios. La humanidad debe reflejar los atributos del Creador, en cuya imagen fuimos creados.

¿Por Qué Hizo Dios al Hombre y a la Mujer?

Nuevamente, es importante recordar que este encargo de tener dominio le fue dado al hombre. Veamos nuevamente en Génesis 5:1–2: *"El día que Dios creó al hombre, a semejanza de Dios lo hizo. Varón y hembra los creó, y los bendijo, y los llamó Adán el día en que fueron creados"*. *"Hombre"* es el nombre de la especie que Dios creó. ¿Cómo entonces, es que Dios creó al hombre y a la mujer, y por qué es que los creó?

Dios tomó al hombre y lo colocó en dos "casas" físicas separadas, de tal manera que El pudiera cumplir Sus propósitos para la humanidad y para el mundo. Por lo tanto, aunque los espíritus no tienen género, las casas en que viven sí lo tienen. La primera casa que Dios hizo fue el hombre; la segunda casa que Dios hizo fue la mujer.

Génesis 1:26–27 implica que el proceso a través del cual Dios creó al hombre fue diferente del proceso a través del cual Dios hizo al hombre y a la mujer. Podemos pensar de la diferencia en esta manera: Dios *"creó"* al hombre, pero El *"hizo"* al hombre y a la mujer. La palabra *"hizo"* en el versículo 26, y la palabra *"creó"* en el versículo 27 son palabras diferentes. La palabra *"hizo"* viene de la palabra hebrea *asah*, y significa formarlo de algo que ya existe. La palabra *"creó"* viene de la palabra hebrea *bara*, y significa formarlo de la nada. Estos versículos dicen que Dios *creó* al hombre a Su propia imagen, pero que Dios también *hizo* al hombre. Dios usó ambas palabras

> Dios creó al hombre, pero El lo hizo varón y mujer.

para referir cómo es que El trajo al hombre a la existencia. De hecho, El estaba diciendo, "Yo voy a hacerlo y voy a crearlo. Voy a crearlo de la nada y voy a formarlo de algo ya existente".

La forma en que el hombre vino a existir refleja esta idea. Dios creó al hombre desde Su propio ser, en lugar de crearlo de cualquier otra cosa que existiera en el mundo físico. El hombre no fue creado de la materia; el hombre fue creado del Espíritu de Dios. Dios creó al hombre para que fuera un espíritu, de la misma manera como El lo es. Por lo tanto, la parte del hombre que fue creada de la "nada" vino de Dios. Dios sólo dio la palabra para traerlo a la existencia. De la misma manera en que El habló, *"Sea la luz. Y hubo luz"* (Génesis 1:3). Pero cuando Dios hizo al hombre y a la mujer, El usó material del mundo físico que El ya había creado.

Creación del Hombre

Cuando Dios le dio al hombre-espíritu dominio sobre una tierra física, El le dio un cuerpo físico para que pudiera vivir y funcionar en el mundo y, por lo tanto, gobernarlo. *"Entonces el Señor Dios formó al hombre del polvo de la tierra, y sopló en su nariz el aliento de vida; y fue el hombre un ser viviente"* (Génesis 2:7). Dios formó una casa del polvo de la tierra; esta casa fue el hombre. Entonces, Dios hizo vivir al hombre-espíritu dentro del hombre. Por lo tanto, parte del hombre fue creado del Espíritu de Dios, y parte del hombre fue hecho del polvo de la tierra. Dios tomó lo que El había creado (el hombre-espíritu) y lo puso dentro lo que El había hecho (el cuerpo del hombre). Entonces, El colocó al hombre en el Jardín del Edén, para que el hombre pudiera gobernar lo que Dios ya había creado (la tierra), por medio de lo que Dios había hecho, (el hombre). *"Y plantó el Señor Dios un huerto hacia el oriente, en Edén; y puso allí al hombre que había formado... Entonces el SEÑOR DIOS tomó al hombre y lo puso en el huerto del Edén, para que lo cultivara y lo cuidara"* (Génesis 2:8, 15).

Creación de la Mujer

En Génesis 2:7–17, vemos que, primero, únicamente el hombre-espíritu en el hombre (el hombre como masculino) está gobernando en el jardín. Si Dios creó al hombre con el propósito de tener una relación de amor, y entonces lo coloca en el varón para que él pueda tener dominio sobre el mundo, ¿qué es lo que motivó a Dios para hacer a la mujer?

Cuando Dios colocó al hombre en el varón, Dios y el hombre todavía podían dar y recibir amor a través de sus espíritus. Sin embargo, dado que el hombre tenía ahora un cuerpo físico, él también necesitaba a alguien con quien compartir amor físico y humano. Este es un reflejo de la creación del hombre a la imagen de Dios. Dios es amor. El hombre vino del amor y es hecho de amor, y el amor no puede vivir solo.

"Y el Señor Dios dijo: No es bueno que el hombre esté solo; le haré una ayuda idónea" (Génesis 2:18). ¿Puedes tú sentir el espíritu de este versículo? Aunque el hombre dentro del varón tenía comunión con Dios, el varón necesitaba amor. Génesis 2:19–20 nos dice,

> *Y el Señor Dios formó de la tierra todo animal del campo y toda ave del cielo, y las trajo al hombre para ver cómo los llamaría; y como el hombre llamó a cada ser viviente, ése fue su nombre. Y el hombre puso nombre a todo ganado y a las aves del cielo y a toda bestia del campo, mas para Adán no se encontró una ayuda que fuera idónea para él.*

El hombre-varón tenía un problema. Dios le dijo, "Tú tienes a los animales, pero no son como tú". Los animales fueron creados para el regocijo del hombre, y aunque ellos nos pueden dar algún consuelo, ellos no pueden llenar verdaderamente la necesidad que una persona tiene de amor. Algunas gentes saben que necesitan el amor de otros seres humanos, pero no tienen el valor suficiente para buscarlo. No tienen la capacidad para hacer a un lado su orgullo o sus temores, de tal manera que puedan arriesgarse a amar a otro ser humano. Por lo tanto, ellos voltean a los animales en busca de compañía. Tú puedes ver que un perro no puede contestarte, y tampoco puede decirte acerca de tus errores. Un gato no puede indicarte tus debilidades. Por eso es que algunas gentes prefieren amar a los perros y a los gatos, en lugar de amar a otras gentes. Pero los animales no tienen la misma esencia como los humanos, y por lo tanto, su amor no llena ni complementa.

Dios presentó cada animal al hombre, pero ninguno era adecuado para él. No había ninguno con quien él se pudiera relacionar y ninguno que pudiera ayudarle en su dominio sobre la tierra. Así que Dios dijo, "No es bueno que el hombre esté solo en un solo cuerpo". El amor no puede vivir solo. Es imposible para el amor el hecho de amar en soledad. Así que, Dios creó a la mujer, el hombre-mujer.

El primer principio que debemos notar con relación a la mujer es que ella fue creada como resultado de algo muy hermoso. La mujer vino por causa del amor; fue el amor lo que causó su existencia. El primer propósito de la mujer fue ser amada por el hombre, así como el mayor propósito de Dios para crear al hombre-espíritu fue para darle amor a él. El hecho de tener dominio fue secundario.

¿Cuál fue el método que Dios usó para crear a la mujer?

Entonces el Señor Dios hizo caer un sueño profundo sobre el hombre, y éste se durmió; y Dios tomó una de sus costillas, y cerró la carne en ese lugar. Y de la costilla que el Señor Dios había tomado del hombre, formó una mujer y la trajo al hombre.
(Génesis 2:21–22)

La creación de Dios de la mujer es fascinante, porque paraleliza exactamente Su creación del hombre. De la misma manera como Dios sacó al hombre de Sí Mismo y lo creó como en ser espiritual, El sacó a la mujer del hombre y la hizo un ser físico. Dios, Quien es amor, necesita alguien a quien darle Su amor, y por lo tanto, El creó al hombre de Sí Mismo. De manera similar, el hombre necesitaba alguien a quien darle su amor, y por lo tanto, Dios creó a la mujer del cuerpo del propio hombre.

La creación de Dios de la mujer paraleliza Su creación del hombre.

Este paralelismo en la creación ilustra la singularidad y el amor mutuo que Dios y el hombre tenían, y para lo que el hombre y la mujer fueron creados para tener.

La palabra *"costilla"* en Génesis 2:22 es la palabra hebrea *tsela*. No necesariamente significa costilla como estamos acostumbrados a usar esa palabra. Puede significar "lado" o "cámara". De cualquier manera, la Escritura nos está diciendo que Dios sacó a la mujer de una parte del hombre. ¿Por qué? Es porque el receptor tiene que ser exactamente igual que el dador. De la misma manera que el hombre necesitaba ser espíritu para poder recibir el amor de Dios, y para poder tener una relación con El, la mujer necesita ser de la misma esencia que el hombre para poder recibir amor de parte del hombre, y para poder tener una relación con él.

Por esta razón es que Dios no tomó del polvo de la tierra para formar otra casa cuando El formó a la mujer. Si El hubiera hecho esto, ella no hubiera sido el duplicado exacto del hombre. Ella no hubiera sido hecha de la misma esencia del hombre para ser una réplica exacta, de la misma manera en que la humanidad fue hecha de la esencia de Dios. Así que Dios tomó exactamente lo que El necesitaba del hombre para formar una réplica exacta, y El creó a la mujer.

Ahora, aunque los hombres y las mujeres son de una misma esencia, y aunque la mujer es la réplica del hombre, Dios los formó a ambos usando métodos diferentes. La Biblia dice que el hombre fue *"formado"* del polvo de la tierra (Génesis 2:7). La palabra hebrea para formar es *yatsar,* la cual significa moldear, de la misma manera como un alfarero moldea el barro. Sin embargo, la Biblia dice que Dios *"hizo"* a la mujer (Génesis 2:22). La palabra hebrea para hacer es *banah*, la cual significa "edificar" o "construir".

Cuando Pablo dijo en 1a. Corintios 11:8, *"El hombre no vino de la mujer, sino la mujer vino del hombre"*, él se estaba refiriendo a este pasaje en Génesis. Dios tomó a la mujer del hombre y la construyó. Esto es como yo lo veo: El la hizo por medio de multiplicar células que El había tomado del hombre, lo cual es similar a lo que sucede en el vientre después de que un huevo fertilizado ha sido implantando en el mismo. Las células empiezan a multiplicarse, y comienza a ser construido un nuevo ser humano.

Así existió este maravillosa estructuración en la creación de la mujer. Cuando Dios había terminado de hacerla, ella era exactamente como el hombre. Ella era completamente a la semejanza de él, de tal manera, que cuando Dios la presentó ante el hombre, las primeras palabras del hombre fueron, *"Esta es ahora hueso de mis huesos, y carne de mi carne; ella será llamada mujer, porque del hombre fue tomada"* (Génesis 2:23). Las palabras del hombre no solo son hermosas, sino que también son instructivas. Algo que es construido tiene los mismos componentes como el material del que fue hecho, o de que fue tomado. Por lo tanto, Dios construyó a la mujer de una parte que El tomó del hombre para que ellos pudieran ser exactamente de la misma substancia.

Un Complemento Perfecto

La hombre-mujer es el complemento perfecto para el hombre-varón. Ella es hombre porque vino del hombre y tiene espíritu. Su casa física también es como la del hombre. Ella es hueso de sus huesos y carne de su carne. Ella es igual que el hombre, y por eso, es que ella puede dar y recibir amor, y tener una relación con él.

Una Creación Distinta

Debido a que la mujer vino del hombre, el hombre es esencialmente el dador, y la mujer es esencialmente la receptora. Por lo tanto, Dios confeccionó a la mujer para ser la receptora. Si tú ves la manera en que el cuerpo de la mujer está hecho, ella es una receptora desde la A hasta la Z. Esto es parte del propósito para el cual ella fue creada. Su recepción complementa el dar del hombre. La mujer es como el hombre porque el receptor tiene que ser exactamente como el dador. Sin embargo, para que la mujer pueda ser receptora, ella también tiene que ser diferente del hombre.

La mujer es igual y diferente al varón .

Aunque la mujer fue tomada del hombre, y fue construida como él, ella es una creación diferente. Esto se deja ver en su diferencia física del hombre, y en el hecho de que ella es capaz de parir niños. Tú puedes decir que una mujer es "un hombre con vientre". Ella es un hombre con un vientre. Aun así, ella es igual que el varón, pero ella tiene ciertas diferencias. Estas diferencias son complementarias en naturaleza, y fueron diseñadas para que el varón y la mujer puedan llenar las necesitadas físicas y emocionales del uno y del otro, mientras que espiritualmente se nutren de Dios y de Su amor, y de esta manera, juntos, ellos puedan cumplir su mandato de gobernar el mundo.

Diferentes por Diseño

Los hombres y las mujeres fueron creados, ambos, de manera similar y diferente a fin de cumplir los propósitos de Dios. ¿Recuerdas los dos principios principales del propósito?

- El propósito de algo determina su naturaleza (o diseño).
- La naturaleza de algo determina sus necesidades.

Los hombres y las mujeres fueron creados con diseños complementarios que reflejan sus funciones individuales en los grandes propósitos para los cuales fueron creados. En el siguiente capítulo vamos a ver las implicaciones de sus funciones complementarias, y vamos a descubrir qué fue lo que puso su perfecta simetría fuera de equilibrio.

Principios

1. Dios creó al hombre para relación y para vocación.

2. El hombre fue creado para ser amado por Dios.

3. El hombre fue creado como espíritu.

4. El hombre fue creado para tener dominio sobre el mundo.

5. El hombre fue colocado dentro de dos casas físicas: el varón y la mujer.

6. El hombre es esencialmente un dador, y la mujer es esencialmente una receptora.

7. El hombre fue creado para dar amor, y la mujer fue creada para recibir amor.

8. Los hombres y las mujeres son de la misma esencia, pero con diferentes diseños.

9. Los hombres y las mujeres tienen diseños complementarios para poder cumplir sus propósitos.

🌹 Cuatro 🌹
El Diseño de Dios: Igual y Diferente

Varón y hembra los creó, y los bendijo,
y los llamó Adán (hombre) el día en que fueron creados.
—Génesis 5:2

E
l hombre y la mujer son iguales. Lo que aprendimos acerca del propósito y creación de la humanidad en el último capítulo es la base para su igualdad.

- El hombre fue creado a la imagen de Dios.
- El hombre tiene espíritu.
- El hombre y la mujer son ambos hombre.
- El hombre-espíritu habita dentro del hombre y la mujer.
- Ambos, hombre y mujer, tienen acceso espiritual directo a Dios y son responsables ante El.
- A ambos, al hombre y a la mujer, les fue dado dominio sobre la tierra.

Indistintamente de lo que diga la cultura o la sociedad, la más alta dignidad, y el más alto valor, le fue dado a la mujer por Dios en la creación. Ella fue creada igual que el hombre, y se le dio la tarea, junto con el hombre, de tener dominio sobre la tierra, y de cumplir los propósitos de Dios tanto en la esfera física como en la espiritual.

Propósito, Naturaleza, y Diseño

El propósito determina el diseño, y el diseño determina las necesidades. Dios creó al hombre y colocó al hombre en el varón y en la mujer. El hombre fue creado con un propósito específico, y la mujer fue creada con un propósito específico. Los propósitos de ambos están relacionados con su propósito general—tener una relación de amor con Dios, y tener dominio sobre la tierra.

Otra vez, es el fabricante quien determina el diseño de un producto, y es el fabricante quien establece las diferencias en sus productos. Por lo tanto, Dios diseñó al hombre y a la mujer en la forma que El determinó que era la mejor para cumplir sus propósitos.

Los hombres y las mujeres ultimadamente no son diferentes en naturaleza debido a que la sociedad haya impuesto sus normas sobre ellos; ellos no son diferentes por causa del medio ambiente; ellos no son diferentes por causa de antecedentes familiares o de cultura. Las opiniones de los hombres a través de la historia no hicieron que los hombres y las mujeres fueran diferentes. Los hombres y las mujeres son diferentes debido a su diseño en la creación.

Lo que la sociedad y la cultura han hecho es tomar las diferencias intrínsecas entre hombres y mujeres, distorsionarlas, y usarlas para devalorar a las mujeres. A través de los años, ha sido probado que nuestros mitos culturales acerca de las mujeres estaban equivocados. Las mujeres han sido tratadas terriblemente a través de la historia. Recientemente, sin embargo, cuando ellas comenzaron a tomar nuevas funciones, muchos hombres descubrieron—para su asombro—que las mujeres son valiosas y contribuyentes significantes en el mundo. Sin embargo, este fue el propósito de Dios aun antes de que fueran creados el hombre y la mujer. Dios hizo a la mujer con valor, con dignidad, con propósito, y con habilidad. El planeó su diseño desde el principio.

> Los hombres y las mujeres son diferentes debido a su propósito y diseño.

Se Mantiene el Propósito de Dios

Si tú tratas de cambiar el diseño de algo, tú estás buscando tener problemas. Por ejemplo, todo lo que está en tu carro fue puesto ahí por el fabricante, y él sabe por qué él lo puso ahí. Tú puedes decidir, "Yo quiero cambiar la batería a la cajuela". Tú tienes la autoridad de mover la batería, porque es tu carro. Tú puedes quitar la batería del motor y ponerla en la cajuela. Sin embargo, una vez hecho esto, trata de arrancar tu carro. No va a funcionar. A través de los años, hemos estado tratando de cambiar el diseño de la gente, y eso no funciona tampoco. Necesitamos entender el propósito de Dios.

Cuando Jesús comenzó a hablar con la mujer samaritana en el pozo, ella estaba temerosa de El. Ella habló con El, sólo en el contexto de los prejuicios que existían entre los samaritanos y los judíos en ese tiempo. ¿*"Cómo es que tú, siendo judío, me pides de beber a mí, que soy samaritana"*? (Juan 4:9). El le contestó, "Si tú sólo conocieras con quién estás hablando". La mujer tenía un problema, y no era el hecho de que estaba portándose grosera. Ella pensó que como Jesús era un judío, y ella era una mujer samaritana, El no podía hablar con ella. Ella no sabía Quién era El realmente. El dijo, "Si tú conocieras Quién es El que te está hablando, todo estaría bien. Sin embargo, Yo sé que tú no lo sabes, así que sigue adelante, y habla tonterías por unos minutos". El le permitió a ella portarse tontamente. Entonces El le dijo, "Déjame decirte Quién soy Yo". Y El empezó a revelarle los secretos más profundos de su corazón. Después de esto, ella cambió la forma en que ella pensó acerca de El. Ella dijo, "Tú no sólo eres un judío; tú eres un profeta". Ella fue a la ciudad y dijo, *"Venid, ved a un hombre que me ha dicho todo lo que yo he hecho"* (Juan 4:29). Ella no dijo, "Vengan a ver a un judío", sino *"Vengan a ver a un hombre"*. (Ver Juan 4:5–30.) La gente va a cambiar su perspectiva de ti cuando sepan por qué estás aquí, una vez que comiencen a entender tu propósito.

Yo pienso que la mitad de las cosas que odiamos acerca de otros son cualidades que de hecho nos podrían beneficiar. Sin embargo, normalmente odiamos todo aquello que no podemos entender. Durante los últimos veintitrés años que yo he estado caminando con el Señor, he llegado a la conclusión que cuando a una persona no le gusta alguien más, esa persona necesita gracia, porque le falta entendimiento. El o ella está meramente en un estado actual de ignorancia. La gente tiene odio, amargura, y envidia contra los demás, porque son ignorantes de los propósitos de Dios. Esto es lo que sucede entre los hombres y las mujeres.

Cuando yo estaba en la universidad, leí las teorías de varios psicólogos acerca de la naturaleza humana. Cada uno parecía creer que dominaban la naturaleza de la raza humana. Pero sus libros ahora son totalmente obsoletos, porque la psicología ha hecho nuevos descubrimientos que estos psicólogos no conocían cuando escribieron sus libros. Nadie conoce el producto como aquel que lo creó. Dios dice, *"Mi propósito prevalecerá"* (Isaías 46:10). Estamos comenzando a alcanzar lo que Dios ya sabe acerca de la naturaleza humana—porque El la diseñó.

Todo es de la manera como es debido a su propósito. El propósito es lo que necesitamos descubrir, porque nos explica el diseño.

El Mandato sobre el Dominio

Los hombres y las mujeres fueron diseñados para ejercitar dominio sobre la tierra. En el último capítulo, aprendimos que Dios *"los creó* (varón y hembra), *y los bendijo, y los llamó Adán* (hombre) *el día en que fueron creados"* (Génesis 5:2). Cuando Dios creó al hombre y a la mujer, El les dijo, de hecho, "Ustedes están manifestados en dos cuerpos diferentes, con dos naturalezas diferentes, pero ambos ustedes son hombre". El también los bendijo, afirmándolos en sus similitudes y en sus diferencias. Por lo tanto, el hombre es el espíritu que vive dentro de ambos, del hombre y de la mujer. Ese hombre espíritu es el que se relaciona con Dios y quien tiene dominio sobre la tierra.

Dios hizo los productos para cumplir su propósito. La mujer y el hombre, ambos, tienen dominio. Pero cada uno ejecuta su propósito general de una manera diferente. Su tarea asignada básicamente es la misma, pero la ejecución es diferente. Debido a que los hombres y las mujeres tienen diferentes propósitos específicos, diferentes diseños, y cuerpos físicos diferentes, su autoridad es manifestada y llevada a cabo en diferentes maneras.

> Su tarea asignada básicamente es la misma, pero la ejecución es diferente.

En los capítulos que siguen, vamos a explorar la singularidad de la mujer, así como los propósitos específicos de las mujeres y de los hombres, los cuales los capacitan para cumplir su tarea asignada de tener dominio.

Otra vez, la base de la igualdad de los hombres y las mujeres es el hecho de que ambos fueron creados a la imagen de Dios, y de que el hombre, el espíritu, vive dentro de ambos, hombre y mujer. Las diferencias sólo son funcionales. Esto es, las diferentes maneras en que la tarea es llevada a cabo, no afecta su igualdad; sólo refleja sus diferentes propósitos, diseños y necesidades.

Estoy convencido de que no puede haber dominio a menos que el diseño original esté intacto. Es crucial para nosotros el poder entender el principio de que la manera cómo tú eres se debe a la razón por qué tú eres. La forma en que un hombre es y la forma en que una mujer es, están directamente relacionadas a la razón de por qué existen. Son diferentes debido a lo que están llamados a hacer.

Por lo tanto, cuando vemos a esta creatura hermosa, fascinante y tan compleja llamado hombre, quien se manifiesta en ambos hombre y mujer, debemos entender que el propósito de los hombres y de las mujeres determina sus naturalezas, diseños y necesidades individuales. Este hecho explica por qué los dos son tan similares, y, sin embargo, tan diferentes. Veamos ahora a estas diferencias de una manera más cercana para poder ver sus implicaciones.

Igual y Diferente

Debemos tener presente continuamente que Dios creó a los hombres y a las mujeres *iguales*—y que El los creó *diferentes*. Cuando Adán vio a la mujer por primera vez, él dijo algo que las mujeres ya han olvidado—y que los hombres no quieren recordar. Dios hizo a la mujer de la costilla del hombre, o de su lado, y entonces El la presentó ante el hombre. Cuando Adán vio a la mujer, yo creo que le fue tocado el más poderoso sentido de igualdad cuando dijo, *"Esta es ahora hueso de mis huesos, y carne de mi carne"* (Génesis 2:23). En otras palabras, él estaba diciendo, "Esta persona es exactamente como yo en estructura". En segundo lugar, él dijo, *"Esta es ahora...carne de mi carne"* (v. 23). "Ella es exactamente como yo en todas sus cualidades físicas y en toda su habilidad emocional y psicológica".

> Adán dijo algo que las mujeres han olvidado y que los hombres no quieren recordar.

Pero Adán vio dos diferencias. "Somos los mismos; somos iguales", él dijo, "pero hay diferencias. Tú tienes un vientre, y tú eres una receptora".

La mayor diferencia entre el hombre y la mujer es que la mujer tiene un vientre y puede parir hijos. Otra vez, tú podrías decir que la mujer es "un hombre con vientre". El vientre le da a la mujer un componente diferente en la creación humana. Por lo tanto, Dios puso diferentes "circuitos" en el hombre con vientre para poder operar este componente. La mujer es igual que el hombre; ella se ve como el hombre. Sin embargo, su vientre requiere que sus circuitos funcionen un poco diferente para poder permitir que el vientre cumpla su propósito.

Otra diferencia entre el hombre y la mujer es que la mujer es diseñada primeramente como una receptora, y el hombre es diseñado primeramente como un dador. Esto, por supuesto, no implica que la mujer no dé. Por el contrario, su naturaleza es dar y mantenerse dando. Lo que esto significa es que la mujer fue tomada del hombre en la creación y que ella fue diseñada para recibir su amor. Esto significa que fue hecha para ser una receptora. En esta función, ella tiene muchas cualidades que complementan al hombre, las cuales vamos a llamar diferencias.

Diferente No Significa Inferior o Superior

Aunque todos sabemos que existen diferencias entre el hombre y la mujer, la mayoría de nosotros tenemos problemas con este hecho, debido a que creemos que "ser diferente" significa ser inferior o superior a los demás— especialmente inferior. No confundan el ser diferente con ser inferior. Diferente no implica inferioridad o superioridad; diferente simplemente significa diferente. Una mujer no es menos que un hombre solo por el hecho de ser mujer, y un hombre no es menos que una mujer solo por el hecho de ser hombre. Los dos son hombre, pero son diferentes. Sus diferencias son necesarias debido a sus propósitos. Necesitamos enseñar esta verdad a nuestros niños cuando son pequeños. Necesitamos decir, "Hijo, tu hermana es diferente, no porque ella sea menos o más; ella es diferente debido a su propósito, y lo mismo sucede contigo". Alguna mujer dijo, "Yo soy superior al hombre porque yo tengo la habilidad de parir niños". Pero se necesitan a dos para concebir a un niño. Todos tienen una función. Todos son iguales, pero diferentes.

Todos nosotros tenemos huellas digitales que nadie más tuvo antes que nosotros, y nadie más tendrá después de nosotros. Esta distinción es una indicación de cómo Dios creó a todos nosotros para ser diferentes—y cómo El quiere que nosotros permanezcamos distintos, aun durante nuestra unidad con otros. Es muy triste cuando una persona trata de hacerse como todos los demás. Si tú tratas de ser como alguien más, tú estás impidiéndote a ti mismo de ser quién tú fuiste creado para ser. Tú nunca deberías de tratar de ser como alguien más, porque si tú tratas de ser como otra persona, tú estarás perdiendo lo mejor que tiene Dios para ti.

En la televisión, yo vi una imagen de una niña pequeña, con un letrero que decía, "Extraviada". El Señor me habló y me dijo, "Tengo muchos hijos que están extraviados".

Algunos de ustedes tal vez están extraviados. Tú estás presente en el mundo, pero estás extraviado o perdido con relación a cumplir los propósitos específicos para los cuales fuiste creado. Tú te estás comportando como alguien más en lugar de ser tú mismo. Dios te está diciendo, "Yo quiero que tú dejes de tratar de ser como alguien más y que seas quién tú eres". Dios tiene planes especiales para ti si es que tú eres aquel que El creó para ser. El te ha dado tu personalidad y tus dones por una razón específica. *"Porque somos hechura suya, creados en Cristo Jesús para hacer buenas obras, las cuales Dios preparó de antemano para que anduviéramos en ellas"* (Efesios 2:10). Pablo dijo, *"Sed imitadores de mí, como también yo lo soy de Cristo"* (1a. Corintios 11:1). En otras palabras, él estaba diciendo, "Cuando yo me veo como Cristo Jesús, imítame". La única cosa que debemos imitar en las gentes es la vida de Cristo Jesús. De otra manera, no estamos tratando de imitar a los demás.

Dios te hizo para un propósito especial.

Dios te hizo diferente debido al propósito que tenía en mente para ti. La misma cosa es verdadera para todos. Nos metemos en problemas cuando tratamos de cambiar a la gente en lo que somos. Esto sucede a menudo cuando la gente se casa. Después de la luna de miel, las gentes comienzan a tratar de hacer que sus esposos piensen y se comporten como ellos. El mayor problema en el matrimonio es cuando una parte trata de cambiar a la otra parte. Esa persona ya está hecha. La gente pasa años tratando de cambiar a sus parejas. Pero Dios hizo a los hombres y a las mujeres diferentes debido a lo que fueron diseñados para hacer. Esto significa que tu esposa es de la manera como es debido a la razón de su existencia. Tu esposo es de la manera como es debido a la razón de su existencia. Si tú tratas de convertir a una mujer en hombre, o tratas de convertir a un hombre en mujer, tú estás tratando de hacer lo imposible. Nadie puede alterar los propósitos de Dios. Podemos intentar de cambiar los propósitos de Dios, pero siempre van a permanecer iguales. Debes recordar que Dios ha dicho, "Antes de que mi propósito pueda ser cambiado, yo dejaría de ser Dios".

Si tú vas a tratar a una mujer, tú debes encontrar lo que Dios quería cuando Dios hizo a las mujeres; de otra manera, tú vas a estar manejando algo que tú no entiendes. Lo mismo aplica para el hombre. Por lo tanto, todo es de la manera en que está debido a su propósito. Necesitamos ver nuestras diferencias como complementarias; necesitamos celebrar nuestra singularidad como mujeres y como hombres, de la misma manera como la individualidad que Dios ha colocado dentro de cada persona.

La Caída del Hombre

Los hombres y las mujeres fueron creados, por lo tanto, con diseños perfectamente complementarios. ¿Cuándo comenzamos a apartarnos del propósito original de Dios?

El tercer capítulo de Génesis explica la fuente del conflicto y de la contienda entre los hombres y las mujeres. En el capítulo dos, leemos que Dios instruyó al hombre, Adán, que él podría comer de todo árbol del Jardín excepto del Arbol del Conocimiento del Bien y del Mal; y que si lo hacía, moriría (Génesis 2:17). Cuando Eva fue creada, Adán le dio estas instrucciones también a ella. Los sucesos que siguieron cambiaron a los hombres y a las mujeres, apartándolos del diseño perfecto de Dios. El diablo, en la forma de una serpiente, tentó a Eva para que comiera del árbol, diciéndole que si lo hacía, ella no moriría, pero *"que sería como Dios, conociendo el bien y el mal"* (Génesis 3:5). Eva sucumbió ante la tentación, Adán consintió, y ambos comieron del fruto del árbol.

Los hombres y las mujeres perdieron su relación perfectamente equilibrada.

A través de un acto de sus propias voluntades, Adán y Eva rechazaron los planes de Dios y buscaron sus propios deseos. Ellos habían sido diseñados para vivir en los propósitos de Dios y bajo Su gobierno amoroso. Pero ellos querían un propósito para el cual no fueron creados.

Ellos pensaron que podían ser como Dios Mismo. Ellos no estaban satisfechos con su posición y con sus funciones. Pero su rechazo de los propósitos de Dios sólo les trajo dolor del corazón, porque ellos no habían sido hechos para vivir independientemente de Dios y de los propósitos para los cuales El los había creado. Esta Escritura describe su predicamento: *"Profesando ser sabios, se volvieron necios"* (Romanos 1:22).

Consecuencias de la Caída

La primera consecuencia de la Caída fue que la comunión que la humanidad tenía con Dios se rompió. Recuerda que el hombre fue creado para recibir el amor de Dios. Pero el pecado de Adán y Eva y su rebeldía los separó de Dios. Dios aun los amaba, pero ya no tenían el mismo canal abierto hacia Dios con el cual recibir su amor.

En segundo lugar, Adán y Eva experimentarían la muerte tal y como Dios dijo que lo harían. Ellos no experimentaron inmediatamente la muerte física; pero el espíritu sobresaliente que Dios había colocado dentro de ellos, el espíritu que los distinguía de haber sido hechos conforme a Su imagen, sufrió la muerte. Mientras que ellos todavía retenían algunos elementos de su creación a la imagen de Dios, ellos ya no podían reflejar perfectamente la naturaleza y el carácter de su Creador. Ellos también fueron destinados a morir físicamente en algún punto.

En tercer lugar, Adán y Eva sufrieron la pérdida de su relación que estaba perfectamente equilibrada.

A la mujer (Dios) dijo: En gran manera multiplicaré tu dolor en el parto, con dolor darás a luz los hijos; y con todo, tu deseo será para tu marido, y él tendrá dominio sobre ti. Entonces dijo a Adán: Por cuanto has escuchado la voz de tu mujer y has comido del árbol del cual te ordené, diciendo: "No comerás de él", maldita será la tierra por tu causa; con trabajo comerás de ella todos los días de tu vida. Espinos y abrojos te producirá, y comerás de las plantas del campo. Con el sudor de tu rostro comerás el pan hasta que vuelvas a

la tierra, porque de ella fuiste tomado; pues polvo eres,
y al polvo volverás.   (Génesis 3:16–19)

¿Fue Maldita la Mujer?

Hemos aprendido que cuando se desconoce el propósito, o cuando es rechazado el propósito, el abuso es inevitable. La devaloración de la mujer por el hombre, no es una consecuencia natural del diseño original de Dios. Alguna gente dice ser así, y usan esto como una justificación para humillar a las mujeres. Al contrario, vino como resultado de la rebelión de la humanidad en contra de Dios y del rechazo de Sus propósitos. El hombre y la mujer no pueden funcionar en verdadera armonía y efectividad estando apartados de los propósitos de Dios.

Después de que Adán y Eva se rebelaron, Dios hizo algunas declaraciones muy específicas a la mujer. Yo quiero enfatizar fuertemente el hecho de que estas declaraciones no fueron maldiciones. A mí me criaron creyendo que Dios había maldecido a Eva. Las clases de mi escuela dominical insinuaron que esto es lo que Dios había hecho. Sin embargo, este no fue el caso. Dios le estaba diciendo a Eva las consecuencias naturales de haber rechazado Sus propósitos.

La Biblia no dice que Dios maldijo al hombre o a la mujer. Dios dijo, *"Maldita sea la tierra"* (Génesis 3:17). En otras palabras, El le dijo a Adán, "Es la tierra la que realmente va a sentir el impacto de tu desobediencia. Debido a esto, tú vas a tener que luchar para sobrevivir en ella". Más aun, El no maldijo a la mujer a través de hacerla la portadora de hijos. El no dijo, "Solo por esto, ahora tú vas a tener que tener hijos, y te va a doler". Adán y Eva siempre fueron supuestos a tener hijos. Eva ya tenía la habilidad de parir hijos para que la humanidad pudiera reproducirse conforme a su especie. Esa habilidad fue establecida antes de que el pecado entrara en escena. Por lo tanto, parir hijos no es una maldición. Al contrario, cuando tú pares un hijo, tú estás cumpliendo parte del propósito de Dios para la humanidad. Sin embargo, Dios le dijo a Eva, que debido al pecado, ahora ella iba a experimentar dolor en su parto. Si no hubiera habido ninguna Caída, la mujer podría tener tantos hijos como ella quisiera sin ningún dolor. Dios hizo bien claro que el dolor—no la habilidad de parir hijos—fue el producto de la Caída.

Muchas mujeres hoy en día consideran el parir hijos y el criar hijos como una carga, debido a que no han recibido suficiente apoyo en esto por parte de sus maridos. Más aun, cuando una mujer es una madre soltera, la carga se hace todavía más grande. La Escritura dice en Génesis 1:28, "Y *los* bendijo Dios, y *les* dijo: Sed fecundos y multiplicaos". Ambos, mujer y varón, estaban supuestos a ser fructíferos. Eso significa que todos los bebés que Eva pariera les pertenecerían a ambos. Dios les dijo, de hecho, "No sólo se preocupen en tener dominio sobre la tierra ustedes dos juntos; ustedes tienen que criar a sus hijos juntamente también". Parte de las consecuencias de la Caída puede ser que mucho de esta responsabilidad ha caído en la mujer, mientras que el hombre ha estado preocupado con "tener dominio". Algunas veces, también las mujeres, pueden estar más preocupadas con el hecho de involucrarse en el mundo que con criar a sus hijos.

Dominación y Deseo en Lugar de Dominio

Dios no sólo le dijo a la mujer que su dolor en los partos aumentaría, pero El también le dijo, *"Tu deseo será para tu marido, y él tendrá dominio sobre ti"* (Génesis 3:16). Este es un cambio de su relación anterior. Esta declaración enfatiza el hecho de que el hombre y la mujer fueron creados originalmente para gobernar juntos. Ellos fueron diseñados para funcionar conjuntamente en igualdad. Dios tuvo que decirles, *"Llenad la tierra y sojusgadla"* (Génesis 1:28). Ambos eran supuestos a ser gobernantes—y ese es todavía Su plan.

Después de la Caída, tanto el hombre como la mujer, todavía gobernarían, pero su relación se distorsionaría. Primero, Dios le dijo a Eva que, debido al pecado, *"Tu deseo será para tu marido"* (v. 26). Una vez que una mujer se casa, ella tiene un deseo, y extraña a su marido. Algunas veces este deseo puede ser de tipo controlador. La mayor parte del tiempo, este deseo está escondido, pero está ahí. Dios también le dijo a Eva que el hombre desarrollaría una actitud de dominio sobre de ella. El sentiría como si él tuviera que dominarla. Esto no fue parte del plan de Dios; sin embargo, debido al pecado, la torcida percepción de la vida que el hombre ahora tenía, le causa querer dominar a la mujer, y debido al pecado, la mujer continuamente desea hacer cualquier cosa para mantener al hombre.

La mayoría de las mujeres no quieren admitir que tienen este deseo. Sin embargo, muchos consejeros matrimoniales pueden confirmar que existe. Ellos han aconsejado mujeres que han sido abusadas por los hombres, y ellos no se explican cómo es que estas mujeres aguantan todo esto. Por ejemplo, un hombre llega en medio de la noche y golpea a su mujer hasta dejarla media muerta. El moja la cama, porque ha estado tomando y no puede controlar su vejiga. El anda fuera tres noches seguidas, todo tomado y hasta atrás de tomado, y entonces regresa a casa y exige que le den de comer. Su esposa le permite que la trate de esta manera. Ella cocina sus alimentos, lava su ropa, y tiene las sábanas de la cama limpias. ¿Por qué ella hace esto? Es este deseo.

Las mujeres tienen una tremenda habilidad para permitir cosas. Esto no es completamente una consecuencia de la Caída; al contrario, de hecho, es una reflexión de su creación a la imagen de Dios. La Biblia dice que Dios es paciente. Esto significa que El permite cosas por mucho tiempo; El es paciente con la gente, esperando que ellos cambian su comportamiento. El permite que las cosas siguen por largo tiempo. Pero El es *paciente*. El no es paciente *para siempre*. Llega un momento cuando Dios se detiene y dice, "Ya basta", y es entonces cuando cae el juicio. Ahora, algunas mujeres llegan a un punto donde el deseo se ha desgastado y parece un hilo delgado. Llega un momento

> Las mujeres tienen una tremenda habilidad para permitir cosas.

cuando la mujer también dice, "Ya basta, hermano. Después de cinco años de todas estas tonterías, ya basta. Compórtate o el juicio va a caer la mañana del próximo martes a las 9:00 a.m."

Mientras que muchas mujeres tienen un límite de tolerancia para el comportamiento abusivo, la tendencia de la mujer todavía es desear y esperar por su marido, y todavía tener este deseo de agradarle a cualquier costo. Al mismo tiempo, el hombre tiende a sentir que tiene el derecho de enseñorearse sobre de ella. *"El se enseñoreará sobre de ti"* (Génesis 3:16). Otra vez, este no fue el plan de Dios en la creación. Dios nunca dijo que el hombre en el varón iba a dominar al hombre en la mujer. El dijo que el hombre—como varón y como mujer—iba a dominar la tierra. La Caída, sin embargo, hizo que el hombre tuviera un entendimiento distorsionado y desubicado del dominio, de tal manera que ahora el hombre quiere dominar a la mujer.

El Redentor de la Humanidad

¿Está la humanidad condenada a vivir en los efectos de la Caída? ¿Acaso se perdió el propósito de Dios para siempre? No. Su propósito nunca ha cambiado. Su diseño original todavía permanece. En la misma hora cuando la humanidad rechazó el propósito de Dios, Dios prometió un Redentor que salvaría a los hombres y a las mujeres de su estado caído junto con todas sus consecuencias y ramificaciones (Génesis 3:15). El Redentor restauraría la relación y la sociedad de varones y mujeres. Cristo Jesús es ese Redentor, y debido a El, los hombres y las mujeres pueden regresar al diseño original de Dios para ellos. El propósito, la paz y el potencial pueden regresar a la humanidad.

¿Se perdió para siempre el propósito de Dios para los hombres y para las mujeres?

Los últimos dos capítulos han sido un repaso del propósito de Dios para las mujeres y para los hombres en la creación, y lo que sucedió para desviar ese propósito. Los capítulos siguientes ayudarán a las mujeres (y a los hombres) para poder aplicar estos propósitos en maneras prácticas. Van a presentar los propósitos de la mujer y su diseño, y la forma como ella se relaciona al hombre, a sus propósitos y a su diseño.

El regreso al plan de Dios, de todas maneras, significa el regreso a Dios mismo. Significa regresar a Dios a través del Redentor, rindiendo tu vida a El, y pidiéndole que te llene con Su Santo Espíritu, para que tú puedas ser capaz de vivir en Su plan original para ti. Cuando tú haces esto, Dios hará una cosa asombrosa. El va a hacer que el espíritu humano dentro de ti, el cual está muerto como resultado de la Caída—vuelva a la vida otra vez, para que tú puedas ser capaz de reflejar Su carácter y Sus caminos. A medida que tú regresas a Dios y rindes continuamente tu espíritu al Espíritu de Dios, tú serás capaz de cumplir los propósitos para los cuales fuiste creado.

Principios

1. Las mujeres y los hombres fueron creados iguales y diferentes.

2. Todo fue diseñado por Dios para cumplir su propósito.

3. Las mujeres y los hombres son diferentes debido a su diseño.

4. Diferente no significa inferior o superior.

5. Los propósitos de las mujeres y de los hombres determinan su naturaleza individual y sus necesidades.

6. A la mujer y al hombre, a ambos, les fue dado dominio sobre la tierra, pero cada uno ejecuta este propósito de acuerdo a sus diseños y propósitos únicos.

7. Tratar de ser otra persona en lugar de ser tú mismo, en lugar de ser lo que tú fuiste creado, es perderse lo mejor que tiene Dios para ti.

8. Cuando tratamos de cambiar los propósitos de Dios por nuestros propósitos o por otros propósitos, estamos intentando lo imposible, porque los propósitos de Dios no pueden ser alterados.

9. Adán y Eva rechazaron los propósitos de Dios a través de un acto de su propia voluntad.

10. Debido a la Caída, el hombre experimentó una rotura en su relación con Dios, así como la muerte física y espiritual, y la pérdida de la relación perfectamente equilibrada entre los hombres y las mujeres.

11. Dios no maldijo a la mujer o al hombre como consecuencia de la Caída; El maldijo a la tierra. Adán y Eva experimentaron las consecuencias naturales de rechazar a Dios y Sus propósitos.

12. El parir hijos no es una maldición.

13. Como resultado de la Caída, la mujer tiene un deseo de agradar a su marido, y el hombre tiene un deseo de dominarla a ella.

14. Cristo Jesús, el Redentor, salvó a la humanidad de su estado caído, y restauró la relación y la sociedad entre los hombres y las mujeres.

🌹 Cinco 🌹
La Singularidad de la Mujer

Hay una gloria del sol, y otra gloria de la luna,
y otra gloria de las estrellas; pues una estrella
es distinta de otra estrella en gloria.
—1a. Corintios 15:41

Dios no creó a la mujer como un pensamiento que se le ocurrió, sino como una parte integral de Su plan en la creación. Como tal, El la diseñó y la construyó en amor y con un cuidado particular. Su singularidad es un reflejo de los propósitos y del diseño de Dios para ella.

Los principios en este capítulo no son una lista completa de la singularidad de la mujer. Otros capítulos van a cubrir aspectos adicionales de su naturaleza distinta, tales como su estilo primario de comunicación y sus necesidades emocionales. Sin embargo, los siguientes principios resaltan verdades importantes acerca de la naturaleza de la mujer las cuales son esenciales que entendamos a medida que aprendemos a conocer, a valorar, y a animar a la mujer en lo que ella fue creada para ser.

La mujer es singular en cinco maneras significantes.

La Mujer Es Idea de Dios

Primero, una mujer es singular porque ella es idea de Dios.

Mujeres, ustedes no entienden qué tan especial son. Adán ni siguiera había imaginado a la mujer, pero Dios tenía su singularidad en mente. En Génesis 2:18, Dios dijo, *"No es bueno que el hombre esté solo; le haré una ayuda idónea"*. Adán andaba caminando alrededor de los matorrales, pensando en ponerle nombre a los animales. Dios dijo, "Esto no es bueno. Este hombre necesita ayuda". Así que fue Dios quien dijo que el hombre necesitaba a la mujer. Ella fue idea de Dios.

Una mujer es un producto de Dios; esto hace de ella propiedad de Dios. Si tú le estás manejando, tú estás manejando la idea de Dios. Si tú maldices a una mujer, tú estás maldiciendo a la idea de Dios. Si tú le pegas una cachetada a una mujer, tú estás pegándole a la idea de Dios en la cara. Si tú abandonas a una mujer, tú estás abandonando a la idea de Dios.

Mujeres, no importa lo que los hombres digan acerca de ustedes, no importa lo que ustedes piensen acerca de ustedes mismas, ustedes son una buena idea. La mente de Dios pensó en ustedes, y el Espíritu de Dios las hizo existir. Ustedes son el resultado de la idea de Dios, y eso las hace a ustedes de mucho valor ante El.

La Mujer Tiene un Espíritu Adentro

En segundo lugar, una mujer es singular, porque ella tiene un espíritu adentro. Esto la hace un ser espiritual libre y responsable.

Tú no puedes imaginar el poder que tú tendrías si llegaras a entender al espíritu que está dentro de ti. Espiritualmente, los hombres y las mujeres son iguales; ellos tienen al mismo hombre-espíritu dentro de ellos. Dios los llamó a ambos, tanto al hombre como a la mujer "hombre". A mí me gusta la forma en que la Palabra de Dios expresa esto: *"No hay judío ni griego; no hay esclavo ni libre; no hay hombre ni mujer"* en el Cuerpo de Cristo (Gálatas 3:28). Dios no ve desde el cielo hacia abajo hoy en día y dice, "Hay muchas mujeres y muchos hombres aquí abajo". El dice, "Hay muchos hombres aquí abajo".

> Una mujer tiene su propio ser espiritual con el cual adora a Dios.

Primera de Pedro 3:4 dice que la belleza de una mujer *"que sea el yo interno, con el adorno incorruptible de un espíritu tierno y sereno, lo cual es precioso delante de Dios."* Es *"el yo interior"* que es el espíritu de la mujer. Lo que la mujer es físicamente, es diferente de lo que ella es en su ser interior. El hombre-espíritu que está dentro de toda mujer es el ser que se relaciona con Dios. La siguiente vez que ustedes mujeres topan con alguien que tiene estas ideas erróneas, sólo tienen que decirles, "Mire, yo tengo un cuerpo femenino, pero tengo un hombre-espíritu dentro de mí. Yo soy mujer, debido a lo que tengo que hacer físicamente, y en el reino de Dios en este planeta; sin embargo, yo trato directamente con Dios como un espíritu".

Jesús dijo, *"Dios es Espíritu, y los que lo adoran, en espíritu y en verdad deben de adorarle"* (Juan 4:24). Una mujer tiene su propio ser espiritual, con el cual adora a Dios. Ella puede bendecir al Señor, amar al Señor y recibir del Señor por sí misma. Una mujer puede predicar, no porque sea mujer, sino porque tiene un hombre-espíritu dentro de ella.

Debido a que un hombre-espíritu vive dentro de la mujer, el trato que el hombre le da a la mujer tiene que verse muy seriamente. El ama y se identifica con el hombre-espíritu que está dentro de la mujer, y por lo tanto, él tiene muy especial cuidado para con ella. Cuando tú has ofendido al hombre-espíritu, tú has ofendido a Dios. Tienes que tener cuidado con lo que tú haces con el espíritu, ya sea que se trate de un hombre o de una mujer.

Algunos hombres se olvidan de que hay un hombre-espíritu dentro de la mujer. Si un hombre le dice impacientemente a la mujer, "No me gustan tus modales", él debería de checar y ver con quién está hablando. Hay un espíritu dentro de ese cuerpo hermoso. Una razón por la que la Biblia no dice que no nos vayamos a dormir sin haber resuelto nuestro enojo (Efesios 4:26), es que es muy importante tratar bien a aquellos que han sido creados a la imagen de Dios. Santiago refuerza este tema: *"Con ella* (con la lengua) *bendecimos a nuestro Señor y Padre, y con ella maldecimos a los hombres, que han sido hechos a la imagen de Dios*" (Santiago 3:9). Como puedes ver, el enojo o el resentimiento es un asunto espiritual. No es un asunto físico; es un asunto espiritual.

Por lo tanto, cuando un hombre anda caminando, teniendo enojo contra su esposa, porque ella no hizo algo que él quería que ella hiciera, ¡él debería orar! ¿Por qué? El está tratando con un espíritu. Algunos hombres dicen, "Nunca voy a perdonar a mi esposa". Pero el Espíritu de Dios dentro de nosotros puede hacer cualquier cosa. El ego puede tener un problema con esto, pero el espíritu puede cambiar.

Un esposo debería tratar con su esposa muy delicadamente, porque, si no lo hace, Dios dice que sus oraciones no serán contestadas. Esto no es un asunto ligero. La Biblia dice que los hombres deben tratar a las mujeres con sensibilidad y con consideración. Si no lo hacen, sus oraciones serán obstaculizadas.

> *Y vosotros, maridos, igualmente, convivid de manera comprensiva con vuestras mujeres, como con un vaso más frágil, puesto que es mujer, dándole honor como a coheredera de la gracia de la vida, para que vuestras oraciones no sean estorbadas.* (1a. Pedro 3:7)

Dios está diciéndoles a los hombres, "Espera un minuto. La mujer no es solo un cuerpo de carne. Ella tiene un espíritu. La manera en que tú la trates va a afectar tu vida de oración". Por lo tanto, si tú no tratas a una mujer con consideración y respeto, esto puede bloquear tu relación con Dios. Dios no va a escuchar tus oraciones hasta que tú regreses y compongas las cosas con ella, porque tú has interferido con el hombre-espíritu que está en la mujer.

Algunos hombres piensan que ellos pueden darles de cachetadas a sus esposas, y entonces ir a la iglesia como si nada hubiera sucedido. Dios no se la cree. Algunos hombres piensan que pueden hacer algo para lastimar a sus esposas y entonces proseguir y convertirse en diáconos. Dios no está escuchando sus oraciones. Maltratar a una mujer es una cosa seria, porque Dios trata con el espíritu de la mujer en espíritu y en verdad. El tiene mucho respeto por su espíritu, de tal manera que Él la defiende cuando ella es mal usada. Jesús dijo que si tú vas a adorar a Dios, y mientras que tú estás dando tu ofrenda, tú recuerdas que hay una relación rota en tu vida que necesita ser reparada, tú debes dejar tu ofrenda ahí junto al altar e ir y componer las cosas. Entonces tú puedes regresar y dar tu ofrenda. Tú no debes de tratar de darla de antemano, porque Dios no lo va a aceptar (Mateo 5:22–24). Jesús también habló acerca de la importancia del perdón en nuestras relaciones. El dijo que si tú no perdonas a alguien que ha hecho algo en contra de ti, o contra quien tú has hecho algo, entonces el Padre no te perdonará y no te escuchará (Mateo 6:14–15).

Jesús estaba diciendo que las relaciones con otras personas son aun más importantes que la adoración, porque tú no puedes adorar a menos que sea en el contexto de tus relaciones. No importa qué tan serio y tan sincero tú seas acerca de Dios. No importa qué tanto del Espíritu Santo tú poseas, o qué tanta Escritura tú hayas aprendido. No le importa a Dios qué tantas veces tú has hablado en lenguas o si te has memorizado una tremenda cantidad de Escritura. Dios no está impresionado con tu habilidad de comunicarte con El, ni con tu habilidad de articular tu adoración, o tu oración, o tu alabanza.

> La aceptación de Dios aun de tus diezmos, es contingente sobre la base de tus relaciones con otras personas.

Su recepción de tu adoración—ya sea que se trate de dar, o se trate de tu alabanza, o se trate de tu administración del reino de Dios, o tu ministerio de los dones del Espíritu—está contingente en base a tus relaciones con otros, especialmente con tu esposa. Así que si tú quieres darle a Dios mil dólares, el hecho de que Dios los reciba a no, depende si tú estás o no en buena relación con los demás. La aceptación de Dios aun de tus diezmos, es contingente en base a tus relaciones con otras personas, y no en qué tanto le des a El.

Esta verdad trae el asunto de las correctas relaciones entre los hombres y las mujeres al punto donde sí lastima, ¿o no? Necesitamos entender claramente lo que la Palabra de Dios dice acerca del valor de las mujeres, así como Su propósito para los hombres y para las mujeres, de tal manera, que no tengamos excusa para no componer nuestras relaciones rotas.

¿Te puedes imaginar a los esposos, parándose en medio de la adoración un domingo por la mañana y saliendo con sus esposas para componer cosas con ellas? Si esto sucediera, tendríamos una sociedad completamente nueva. Pero yo encuentro que la gente frecuentemente trata de usar la ruta fácil cuando han estado en conflicto con otros. Ellos se dirigen a Dios y dicen, "Dios, por favor perdona a María". O ellos dicen, "Dios, dile a María que yo la perdono", o "Dios, te pido que cambies a María". Ellos no quieren ir a la persona directamente. Nos encanta escondernos detrás de Dios de tal manera que no tengamos que aceptar la responsabilidad de las relaciones cara a cara. Nuestro retraso en tratar honesta y directamente con otras personas es la razón por la cual hay tantos problemas en las relaciones, aun en el Cuerpo de Cristo. Usamos a Dios como chivo expiatorio.

Yo honro a mi esposa y la trato bien, no solo porque la amo, sino por razón de quién es ella, y también por el bien de mi relación con Dios. Jesús dijo que mi relación con Dios es aun más importante que mi relación con mi esposa—y aun así, Dios hizo mi relación con El contingente en base a mi relación con ella.

La Mujer Fue Tomada del Hombre

En tercer lugar, la mujer es única y singular, porque fue tomada del hombre.

El Origen de la Mujer

Primera de Corintios 11:8 dice, *"El hombre no procede de la mujer, sino la mujer del hombre"*. De acuerdo a nuestro

Fabricante, el hombre fue tomado de la tierra, pero la mujer fue tomada del hombre. Las implicaciones de esto son impactantes y significantes. Algo que ha sido tomado de alguna otra cosa tiene los mismos componentes de aquellos de dónde se deriva. Adán no ignoraba quién era la mujer. El dijo, *"Esta es ahora hueso de mis huesos, y carne de mi carne; ella será llamada mujer, porque del hombre fue tomada".* (Génesis 2:23). Ella era parte de él; ella era como él. El dijo, *"Ella será llamada 'varona'"* (v. 23). ¿Por qué? *"Porque ella fue tomada del hombre"* (v. 23).

La mujer es lo que ella es porque vino de lo que el hombre es. Recuerda que el hombre es espíritu, porque el hombre vino de Dios, quien es Espíritu. Por lo tanto, la humanidad debe mantenerse con Dios para poder tener vida espiritual. De la misma forma, debido a que la mujer salió del hombre, ella necesita mantenerse conectada con el hombre para poder vivir el tipo de vida para el cual fue creada. Cualquier mujer que decide que ella es una isla hacia sí misma, se va a convertir en un volcán en muy poco tiempo.

Un hombre realmente no puede molestarse acerca de lo que es una mujer. El no puede olvidar el material del que ella fue hecho—el mismo material del cual él fue hecho. Debido a esto, ella debería ser valorada y amada por el hombre.

> *Así también deben amar los maridos a sus mujeres, como a sus propios cuerpos. El que ama a su mujer, a sí mismo se ama. Porque nadie aborreció jamás su propio cuerpo, sino que lo sustenta y lo cuida, así como también Cristo a la iglesia; porque somos miembros de su cuerpo.* (Efesios 5:28–30)

Pablo dijo que si tú tienes buen cuidado de tu cuerpo, eso muestra que te amas a ti mismo. Un esposo debe de amar a su esposa tal como se ama a sí mismo, como su propio cuerpo. Sin embargo, frecuentemente fallamos al aplicar este principio en el matrimonio y en las relaciones generales de los hombres y de las mujeres. Los hombres y las mujeres son de la misma esencia y, por lo tanto, deberían de amarse y respetarse mutuamente. Jesús reforzó este principio cuando El dijo que uno de los más grandes mandamientos es, *"Ama a tu prójimo como a ti mismo"* (Mateo 19:19). Si realmente entendiéramos esta verdad, habría más paciencia, más entendimiento y más perdón entre los hombres y las mujeres.

La Posición de la Mujer

"El hombre no procede de la mujer, sino la mujer del hombre" (1a. Corintios 11:8). Todo el capítulo once de 1a. Corintios está hablando acerca de la posición de los hombres y de las mujeres, y acerca de la relación hombre-mujer. Está hablando acerca de autoridad.

Algunas gentes sienten que Pablo está siendo un tanto machista cuando él hizo esta declaración anterior. Al contrario, él se estaba refiriendo a la creación del hombre y de la mujer. El estaba haciendo una distinción importante entre la posición espiritual de los hombres y de las mujeres, y de la relación hombre-mujer. Al hacer esto, él usó un ejemplo espiritual porque no quería que sus declaraciones fueran mal interpretadas.

Pablo estaba diciendo, en efecto, "Miren, algunas de ustedes, mujeres, piensan que yo estoy tratando de hacerlas menos o dicen que son inferiores. Por lo tanto, para que esto quede bien claro de mi parte, permítanme explicar a ambos, tanto al hombre como a la mujer, la verdadera naturaleza de la autoridad". En el versículo tres, él dice,

> Algunas gentes sienten que Pablo era un machista.

"Pero quiero que sepáis que la cabeza de todo hombre es Cristo". Así que primeramente vemos que el hombre tiene una cabeza ante la cual él es responsable. El está bajo la autoridad de Cristo Jesús. El versículo tres continúa diciendo, *"la cabeza de la mujer es el hombre, y la cabeza de Cristo es Dios"*.

La mujer también tiene una cabeza. Ella es responsable ante el hombre. El versículo concluye diciendo, *"Y la cabeza de Cristo es Dios"*. Pablo estaba expresando esta idea: "Si tú piensas que a ti no te gusta estar bajo la autoridad de alguien, tú vas a tener que decirle a Jesús que se mueva de estar bajo la autoridad del Padre. Hasta en tanto tú no seas mejor que Jesús, la mejor cosa que puedes hacer es mantenerte bajo tu autoridad".

Una mujer puede ser más inteligente, tener más educación, trabajar en un empleo de más categoría, o hacer más dinero que un hombre. Pero para que el hombre cumpla su función, ella necesita someterse a él. La sumisión es un acto de la voluntad, una decisión. Una mujer debe someterse a un hombre, no porque el hombre lo dice, y no porque la sociedad lo dice, sino debido a su propósito. En esta manera, ella le permite a su esposo ser un líder.

Hay un espíritu maligno por todo el mundo hoy en día, por medio del cual nadie quiere estar bajo la autoridad de nadie. Este espíritu satánico ha controlado nuestra sociedad. Pero Jesús mismo nos dio nuestro modelo de autoridad y sumisión cuando El se sometió a Su Padre. Filipenses 2:6–8 dice,

> El cual (Jesús), *aunque existía en forma de Dios, no consideró el ser igual a Dios como algo a que aferrarse, sino que se despojó a sí mismo tomando forma de siervo, haciéndose semejante a los hombres. Y hallándose en forma de hombre, se humilló a sí mismo, haciéndose obediente hasta la muerte, y muerte de cruz.*

Aunque Jesús es igual a Dios, El se sometió al Padre, y al plan del Padre. El Profeta Isaías habló acerca de la Deidad y de la humildad de Dios el Hijo. El dijo, en esencia, "Tú no vas a creer esto. Un Hijo será nacido, y Su nombre será llamado Consejero, Dios Fuerte, Dios Poderoso" (Ver Isaías 9:6).

Tal vez podríamos preguntar, "Pero Isaías, Tú acabas de decir, *"que un niño es nacido y que un Hijo nos es dado"* (v. 6). ¿Qué quieres tú decir con que este Niño, este Hijo, será llamado Dios Poderoso? ¿Cómo es que El puede ser Dios e Hijo"?

La contestación de Isaías podría ser, "El es Dios, pero El tomó la posición de Hombre y de Siervo por causa de tu redención".

El propósito hizo necesario la posición. El propósito de Dios fue la redención. Dios dijo, "Alguien tiene que bajar y someterse a Nosotros a fin de traer la salvación del hombre". Así que, la Palabra de Dios, quien es Dios Mismo, dijo, "Yo iré. Yo sé que soy igual a Dios, pero para el propósito de la redención, voy a ser hecho a la semejanza del hombre y me voy a someter".

Jesús no es inferior a Jehová. Son iguales. Pero para el propósito de la salvación, El se sometió a Sí Mismo a una posición en la cual El podría cumplir los requisitos de la salvación. De forma similar, una mujer no es menor que su esposo; sin embargo, para los propósitos de Dios, su posición es someterse.

¿Sabes tú por qué los matrimonios, las relaciones, y la sociedad no están funcionando? Es porque la gente está rehusando aceptar sus posiciones. ¿Qué pasaría si las llantas de tu automóvil decidieran que quieren tomar la función del volante de la dirección? El automóvil no se podría mover. Esta es la situación en que se encuentra la sociedad. Todos quieren la misma posición. Nadie quiere confiar en nadie.

Muchas de ustedes mujeres han tenido sus corazones rotos en el pasado, debido a hombres dominantes e incomprensibles. Dios tiene compasión de ustedes. El ha hecho provisión para su dolor por medio de la gracia de la sangre de Cristo Jesús, y por medio del poder sanador del Espíritu Santo. Pero tu dolor no puede cambiar el diseño original de Dios para los hombres y para las mujeres. El no puede alterar Su diseño, basado en tus ideas de lo que una relación debería ser, aun cuando tú hayas tenido experiencias dolorosas.

Algunos de nuestros problemas son el resultado de nuestra propia ignorancia. La razón por la cual algunas cosas no han funcionado para algunos de nosotros, es que hicimos la decisión equivocada en un principio. Muchas mujeres han orado, "Señor, si yo hubiera sabido lo que sé ahora, yo nunca me hubiera casado con este individuo". La Palabra de Dios dice, "Cuando tú te casaste, tú no pecaste. Cualesquiera que sean las circunstancias en que te encuentras, quédate en ellas. Sométete a la posición en la que supuestamente debes de estar". (Ver 1a. Corintios 7:17, 28, 36).

Tú tienes que entender tu posición.

Primera de Corintios 11:5–6 dice,

Pero toda mujer que tiene la cabeza descubierta mientras ora o profetiza, deshonra su cabeza; porque se hace una con la que está rapada. Porque si la mujer no se cubre la cabeza, que también se corte el cabello; pero si es deshonroso para la mujer cortarse el cabello, o raparse, que se cubra.

Pablo estaba usando una ilustración para explicar el concepto de posición. Una mujer debería tener su cabeza cubierta, de la misma manera que un hombre debería tener su cabeza cubierta, de la misma manera como Cristo debería tener Su cabeza cubierta. La cobertura de la cabeza definitivamente no se refiere a sombreros o velos. Usar sombrero es bueno, pero no te hace más justo. Pablo estaba hablando acerca de la naturaleza de la autoridad. El estaba diciendo, "Miren, el hombre está debajo de Jesús, y Jesús está debajo del Padre. La mujer está debajo del hombre, y los niños están debajo de ambos". La mujer fue tomada del hombre, lo que significa que el hombre es su cobertura por la virtud de la manera en que ella fue creada. No hay manera de cambiar esto. Ningún psicólogo puede cambiar esto. Cada vez que tratamos de cambiar los propósitos de Dios, nos ocasionamos problemas a nosotros mismos.

Nuestras posiciones no tienen nada que ver con la forma en que nos sentimos acerca de ellas; ellas tienen que ver con nuestro propósito. ¿Cuál es tu propósito? Eso determina dónde tú eres colocado. *"Porque el hombre no procede de la mujer, sino la mujer del hombre; pues en verdad el hombre no fue creado a causa de la mujer, sino la mujer a causa del hombre* (1a. Corintios 11:8–9). Dios creó al hombre y lo colocó dentro del varón y de la mujer. Entonces, El sujetó el varón a Cristo y la mujer al varón. Si

Tu posición tiene que ver con tu propósito y con tu diseño.

no entendemos nuestras posiciones, vamos a funcionar en ignorancia, y los resultados van a ser dolor y destrucción. La gente perece por falta de conocimiento (Proverbios 29:18).

Yo les sugiero a ustedes hombres, que no tienen derecho a que su esposa se someta a ustedes si ustedes no se someten a alguien más. Tú estás ejercitando una autoridad ilegal si estás demandando sumisión sin estar sometido. De hecho, tú no puedes disciplinar a tus hijos si tú no estás disciplinado en ti mismo.

El hombre-varón necesita estar debajo de autoridad antes que pueda ser capaz de ejercitarla adecuadamente. Es imposible que tú digas que eres la cabeza de un hogar cuando tú no te has sometido a nadie más. La cabeza de Cristo es Dios, y la cabeza del hombre es Cristo, y la cabeza de la mujer es el hombre. Cualquier hombre que no está debajo de Cristo, realmente no es una autoridad calificada. El hombre más peligroso para casarse es un hombre que no está sometido a nadie, que cree que él es el máximo jefe y que no tiene responsabilidad ante nadie. Si un hombre tiene responsabilidad ante alguien, entonces, su esposa tiene alguien a quién apelar.

Una mujer tal vez no sea capaz de comunicarse con su esposo. Algunas de ustedes mujeres están casadas con hombres de este tipo. Ellos son tan tercos, que sus cabezas son duras como rocas. Pero si un hombre está sometido a Dios, tú puedes tratar con él desde el nivel más alto y hasta abajo.

¿Recuerdas lo que hizo Ester? Ella quería realizar un cambio en su país, pero ella tenía miedo de ir con su esposo, el rey. Así que ella fue hacia Dios, y Dios le dio la sabiduría sobre lo que tenía que hacer. El le dio a ella un plan, y el plan funcionó. (Ver Ester 1–10). Tú puedes apelar ante aquel con el que el hombre está bajo autoridad. Por eso es bueno tener un esposo que es responsable a la autoridad espiritual, quien es responsable ante Dios.

"Pues el hombre no debe cubrirse la cabeza, ya que él es la imagen y gloria de Dios; pero la mujer es la gloria del hombre" (1a. Corintios 11:7). Pablo estaba diciendo que una vez que el hombre esté cubierto con Cristo Jesús,

su matrimonio está bajo autoridad. Sin embargo, la mujer entonces, necesita que el hombre la cubra a ella. Primera de Corintios 11:9–10 dice, *"Pues en verdad el hombre no fue creado a causa de la mujer, sino la mujer a causa del hombre. Por tanto, la mujer debe tener un símbolo de autoridad sobre la cabeza, por causa de los ángeles".*

¿Qué es lo que los ángeles tienen que ver con esto? Tú podrías sustituir el término "mundo espiritual" o "ámbito espiritual" por la palabra *"ángeles".* Pablo estaba diciendo a la mujer, "Cuando tú comienzas a funcionar en el reino de Dios, tú tienes que tener cuidado, porque aun los ángeles van a estar observando para ver si tú estás bajo autoridad antes que ellos puedan someterse a tus peticiones. Debido a los ángeles, debido a los espíritus, tú debes someterte a tu autoridad. ¿Por qué? Si no lo haces, los espíritus no se someterán a ti. Ellos no harán lo que tú pidas, y tú vas a perder tu autoridad espiritual".

Si tú eres una mujer, y tú quieres hacer alguna obra para Dios, todo el cielo está listo para trabajar para ti. Dios dice, "Muy bien, haremos una obra espiritual, pero ¿cómo están tus relaciones en el área natural"? Cualquier mujer que va en un viaje misionero, diciendo, "Yo no necesito la iglesia; yo puedo hacer esto por mí misma", no va a encontrar ningún apoyo por parte de los ángeles. Ella puede orar en lenguas, usar un sombrero, y llevar una Biblia muy grande. No va a significar nada para los ángeles. Los ángeles están viendo a tu autoridad. Ellos van a preguntar, ¿"Debajo de quién estás? ¿Cómo puedes decirnos lo que tenemos que hacer cuando tú no estás bajo ningún autoridad"? La sumisión activa al cielo.

La sumisión activa al cielo.

Considera el ejemplo de Cristo otra vez. ¿Cómo se sometió El Mismo como hombre? Cuando El fue a Juan el Bautista para ser bautizado, Juan estaba a cargo. Jesús le dijo, de hecho, "Juan, tú tienes que hacer esto. Tú eres quién está a cargo de la escena en este momento. Yo entiendo la autoridad, y por eso, tú necesitas bautizarme". Juan dijo, ¡"Tú deberías bautizarme a mí"! Jesús le contestó, "No, porque si tú no me bautizas, los ángeles no van a cooperar conmigo, y yo soy el Hijo de Dios. Bautízame, para que yo pueda cumplir lo que Dios ha ordenado". (Ver Mateo 3:14–17).

Ahora bien, si Cristo se sometió a causa del cielo, ¿quién creemos que somos nosotros? Tú puedes ser independiente, famoso, una persona de negocios fantástica, y tener mucho éxito. Sin embargo, si tú no te vas a someter a nadie, yo tengo problemas contigo, porque el cielo no puede confiar en ti. Nunca se te ocurra creer que tú puedes ir y hacer la obra de Dios sin estar en sumisión. Nunca huyas de un ministerio, o hagas tu propia obra, solo porque alguien te hizo enojar. Los ángeles están viendo. Tú de hecho puedes remover la protección de Dios que está sobre de ti cuando te mueves fuera de tu autoridad. Este principio se aplica tanto a los hombres como a las mujeres.

Cada uno debería estar conectado a una iglesia local o con un ministerio, debido a la necesidad de sumisión. Yo conozco gente que dicen, "Mi pastor es un predicador de la televisión". Pero una persona no puede tener una relación de sumisión espiritual con un predicador de la televisión. A las cinco de la tarde en un día martes, cuando tú necesitas al pastor, el programa de la televisión no está en el aire. ¿Quién es tu pastor entonces? El estar cubiertos es una clave para los recursos de Dios. Si tú estás bajo cobertura, El te va a bendecir.

La Provisión de la Mujer

Veamos ahora algunas implicaciones adicionales de la autoridad del hombre sobre la mujer. La declaración, *"El hombre no vino de la mujer, sino la mujer del hombre"* (1a. Corintios 11:8), significa que la fuente es responsable por el producto. Si la compañía Ford produce un automóvil, la compañía Ford tiene que tomar responsabilidad por ese automóvil. De manera similar, el hombre es responsable por la mujer, porque ella vino del hombre. Este es el plan original de Dios. Ahora, si un hombre comienza a pensar

> La fuente es responsable por el producto.

que este es *su* plan, en lugar de pensar que es el plan de Dios, su responsabilidad por la mujer se convertirá en dominación sobre la mujer. Tenemos que entender que este es el diseño de Dios o lo vamos a mal usar y a abusar.

El hombre es responsable de proveer para la mujer debido a su posición en la relación de las cosas. La mujer siempre está supuesta a poder ir a su fuente de recursos para recibir todo lo que necesite. Hay un paralelismo de esto en el mundo espiritual. Espiritualmente, debemos ir a Dios por todo lo que necesitemos. Jesús nos ha dicho, "Yo soy la vid; ustedes son los pámpanos; los cuales están recibiendo su nutrición de la vid. Permanezcan en mí". (Ver Juan 15:4–5). De la misma manera ocurre con la mujer y el hombre.

Dios dice que la mujer debe permanecer conectada a su fuente de recursos. Ella debería de ser capaz de ir con el hombre y obtener respuestas. Si tú eres una mujer casada y tú tienes una pregunta, debes preguntar a tu marido. Si él no tiene la respuesta, entonces debes ir al siguiente hombre que está en autoridad divina. Esto también se aplica a una mujer que no está casada. El hombre podría ser tu padre, tu pastor, o tu hermano mayor en el Señor, hasta en tanto sea alguien que representa a Dios como fuente de recursos y como proveedor. Esa persona debería de ser capaz de darte guía. Por supuesto, el Máximo Proveedor, y la Máxima Fuente de Recursos de una mujer es Dios, y ella siempre puede acudir a El. Pero Dios ha diseñado las cosas de tal manera que la mujer pueda recibir provisión terrenal a través del hombre.

"Y tampoco el hombre fue creado por causa de la mujer, pero la mujer fue creada por causa del hombre" (1a. Corintios 11:9). ¿Has notado tú el misterio que existe en esta declaración? El hombre no fue hecho para la mujer, sino la mujer fue hecha para el hombre. Esto significa que la mujer fue hecha para todo lo que tiene el hombre. Todo su dinero—ella fue hecha para ello. Toda su visión—ella fue hecha para ello. Todos sus sueños—ella fue hecha para ayudarlo a realizarlos. Todas sus esperanzas—ella fue hecha para ayudarlo a que él vea que se puedan convertir en realidad. Ella fue hecha para todo lo que tiene que

ver con el hombre. Esto significa que cuando un hombre compra un automóvil, ella lo maneja. Cuando él recibe un premio, ella lo comparte. Es como cuando un hombre lleva a su esposa a cenar y dice, ¿"Qué es lo que quieres? Te compraré cualquier cosa del menú". Después de que han ordenado y que viene su comida, ella mira la cena de él y dice, "Mmmm, eso se ve muy bueno". Así que ella termina comiendo la comida de él en lugar de comer lo que ella había ordenado. ¿Te suena esto familiar? Todo lo que el hombre tiene, la mujer fue hecha para ello.

Mi esposa fue hecha para todo lo que yo tengo. Sus facultades mentales fueron hechas para mí. Su cuerpo físico fue hecho para mí. Todo en la mujer fue hecho para el hombre, incluyendo su habilidad intelectual. ¿Cuántos hombres creen esto? La mente de una mujer es una máquina asombrosa. Dios le dio a la mujer una manera de pensar que te va a asombrar. Si tú tomas un pensamiento pequeño, una pequeña idea, y se lo das a la mente de la mujer, tú nunca vas a obtener una simple idea de regreso—tú vas a tener un plan completamente desarrollado. ¿Sabes tú por qué muchos hombres entregan la administración del hogar a sus esposas? Una mujer puede tomar una hipoteca que ya está muy pasada de su fecha, o un negocio que se está desbaratando en pedazos, y decir, "Siéntate; déjame manejar esto". Ella sabe cómo llevarte a través de estas cosas. Ella te puede sacar de cualquier agujero. La cosa más triste es que cuando algunos hombres salen del hoyo, ellos comienzan a aplastar a sus esposas. Las cualidades tan especiales y las contribuciones de la mujer deben de ser valoradas por el hombre.

La Independencia de la Mujer

"Sin embargo, en el Señor, ni la mujer es independiente del hombre, ni el hombre independiente de la mujer. Porque así como la mujer procede del hombre, también el hombre nace de la mujer; y todas las cosas proceden de Dios" (1a. Corintios 11:11–12). Todo viene en un ciclo completo. Después de todo lo que Pablo tenía que decir hasta este punto, él, entonces, coloca a ambos, al hombre y a la mujer, en la misma posición espiritual. El dijo, "En el Señor, ambos, el hombre y la mujer, son iguales. La mujer vino del hombre, pero ningún hombre viene a este mundo a menos que nazca de una mujer. Dios ha ordenado tanto el reino físico como el reino espiritual, y cada uno tiene su propósito".

Otra vez, espiritualmente, las mujeres y los hombres son iguales. Mi esposa y yo somos iguales ante el Señor. Ella puede ir delante del Señor y obtener el mismo tipo de ayuda espiritual que yo puedo obtener. Ella no necesita ir por medio de su esposo. Esta es la razón por qué, si tú eres una madre soltera, tu espíritu puede ir con Dios y hacer negocios con El. Tú no necesitas obtener permiso del hombre para ir con Dios; tú tienes un hombre-espíritu dentro de ti.

La esencia del asunto es este: en la esfera espiritual, no hay diferencia entre los hombres y las mujeres, pero en la esfera física, tiene que haber una relación adecuada de sumisión. Yo estaba hablando con una hermosa dama, quien tiene un trabajo a nivel de gerencia en una compañía de seguros. Ella me dijo, "Tú sabes, en el trabajo yo soy el jefe. Pero cuando yo camino a través de la puerta de mi hogar, yo soy una esposa". Esa es una mujer inteligente. Por supuesto, tú puedes ser el jefe en el trabajo, pero cuando tú llegas a casa, tú eres una esposa. Eso significa que tú no puedes tratar a tu esposo como si estuvieras tratando a tus empleados en la oficina. Hay una autoridad completamente diferente que gobierna aquí. Tú puedes predicar todo lo que tú quieras, tú puedes profetizar, reprender al diablo, y echar fuera veinte mil demonios; sin embargo, cuando tú llegas al hogar, tu esposo es el que tiene la autoridad. Pero él tiene que entender que él sigue supuesto a estar en el Señor cuando él está en el hogar. Una mujer no debería estar sujeta al orgullo y a la tontería de su esposo cuando ella está en casa.

> "En el trabajo, yo soy el jefe, pero en el hogar, yo soy una esposa".

La Mujer Es Diferente Físicamente

En cuarto lugar, una mujer es única y singular, porque ella es diferente físicamente del hombre. Ella es un hombre-espíritu con un cuerpo de mujer.

La Mujer Es Delicada

Primera de Pedro 3:7 dice, *"Y vosotros, maridos, igualmente, convivid de manera comprensiva con vuestras mujeres, como con un vaso más frágil, puesto que es mujer, dándole honor como a coheredera de la gracia de la vida, para que vuestras oraciones no sean estorbadas".*

La mujer es única y singular, porque ella es un ser físico que es "más frágil". La palabra *"más frágil"* o *"más débil"* aquí no se está refiriendo solo a fuerza física, porque muchas mujeres son más fuertes que muchos hombres. Las mujeres pueden aguantar mucha adversidad y mantenerse sobreviviendo. Muchos hombres no podrían aguantar lo que las mujeres aguantan. Me gustaría traducir la palabra *"más frágil"* como "más delicada". Pedro estaba diciendo, "Maridos, traten a su esposa con consideración y respeto, porque Dios la diseñó a ella en tal forma que ella es delicada. Ella es muy, muy fina".

Recuerda que Dios tomó una cucharada de tierra con la cual formó al hombre, pero El, en cambio, construyó a la mujer. Dios construyó a la mujer un poco más elegantemente. Su forma es un poco más refinada que la del hombre. El la diseñó a ella delicadamente. Yo creo que esto también se refiere a la delicadeza de su alma. La expresión del alma de una mujer es muy refinada debido a su propósito; ella es más sensible.

Yo creo que la definición de *"más frágil"* debería de ir aun más profundo para indicar que la mujer es más "absorbente". Ella puede absorber cosas más fácilmente que un hombre, porque ella fue creada para absorber. Esta es la razón por la cual Dios le dijo al esposo que fuera muy cuidadoso en lo que él la estimulara a ella; que fuera muy cuidadoso en la forma como él la tratara a ella. ¿Por qué? Ella es tan delicada que ella absorbe todo lo que está en derredor.

La Mujer Es un "Hombre con Vientre"

Algunas mujeres quieren ser iguales que los hombres tanto espiritualmente como físicamente. Sin embargo, Dios no hizo a la mujer para que fuera igual que el varón. El la hizo diferente físicamente para cumplir un propósito. El propósito determina el diseño, y el diseño determina las necesidades. El propósito físico de un hombre y el propósito físico de una mujer son diferentes. Si los hombres y las mujeres no entienden esto, y ellos tratan de ser iguales, va a haber problemas.

Dios diseñó a la mujer para que fuera diferente físicamente del hombre, de tal manera que ella pudiera parir o dar a luz la simiente de la raza. Ella es el "hombre con vientre". Ella fue hecha para recibir la semilla del hombre, para concebir y para llevar a la creatura hasta que nazca. De esta manera, Dios confió a la mujer con una función mayor en la reproducción y supervivencia de la raza humana. El propósito de algo determina su diseño, y Dios diseñó todas las cosas para que cumplan su propósito. Si tú conoces el propósito de algo, tú puedes apreciar las razones porque el diseño es diferente. El propósito de la mujer es distinto al propósito del hombre—ella fue diseñada para parir hijos—y por lo tanto, Dios hizo a cada uno de ellas singular y única.

La Naturaleza de la Mujer Es Innata

Lo que ha estado sucediendo en nuestra sociedad es, sin embargo, que la gente ha estado tratando de cambiar sus diseños. Hay mujeres que quieren ser como los hombres, y hay hombres que quieren ser como las mujeres. Dios les está diciendo, "Tú no tienes los circuitos que se necesitan para eso". El buscar estos deseos es el equivalente de hacer un corto circuito. La gente está viviendo vidas estáticas, en las cuales ellos no conocen su propósito. Ellos no pueden apreciar el porqué la gente es diferente.

Imagínate a la batería de un automóvil, diciendo, "Yo quiero ser carburador", y tratando de funcionar como un carburador. El automóvil no va a funcionar. Las baterías y los carburadores son diferentes, porque tienen funciones diferentes. Aunque sus diferencias los hacen valiosos, el carburador no sirve sin una batería. No importa cómo se sienten unos con relación de los otros, ellos todavía se necesitan, porque ambos son partes integrales de algo más grande—el automóvil. Debemos entender que los hombres y las mujeres son parte de algo más grande, llamado hombre. Pero son diferentes, porque tienen propósitos diferentes.

Si tú no estás segura de que tú eres una mujer, Dios te ha provisto con evidencia física para que tú lo sepas. Si tú naciste con un sistema reproductor femenino, tú eres una mujer. Si no, tú eres un hombre. Cómo te sientas y con quién tú prefieres dormir no es relevante. Estas cosas no te hacen ser mujer o ser hombre. Tus sentimientos no traen dignidad a aquello que es contra la naturaleza. El hecho de que mucha gente está haciendo algo diferente, no significa que está correcto. No deberíamos confundir los números con lo que es normal. Si suficiente número de nosotros somos anormales, vamos a creer que somos normales. No permitas que nadie te engañe para creer que tú eres algo que no eres. Tú deberías ver tu diseño.

> No deberíamos confundir los números con la normalidad.

El hombre fue diseñado para proveer semilla con el propósito de la procreación. Por lo tanto, si tú no estás segura de que eres una mujer, debes checar y ver si tú fuiste hecha para proveer esperma. Si tú no lo fuiste, entonces, tú eres una mujer. Que tú puedas o que no puedas proveer un orgasmo no es el punto. Si tú no eres un hombre, tú deberías vivir como la mujer que fuiste diseñada a ser, para que tú puedas cumplir tu verdadero propósito.

Olvídate de todas las explicaciones psicológicas, emocionales y sociales. La única calificación para ser de cierto género específico, es haber nacido con los órganos que te capacitan para cumplir el propósito de ese género. El hecho de tener una operación y cambiar tus órganos sexuales no cambia tu naturaleza. Si tú cambias tus órganos sexuales, es solo como tener un transplante de riñón. Tú todavía eres quién fuiste al nacer. Si un hombre recibe un riñón de una mujer en un transplante de riñón, él todavía sigue siendo un hombre.

Así que espiritualmente, tratamos con el hombre-espíritu que está dentro de nosotros, pero físicamente, tratamos con el varón y con la mujer. Dios es tan maravilloso. El puso las cosas de tal manera que la relación entre Dios y el hombre debe de ser expresada por medio de la relación entre varón y mujer. De esta manera, lo que es invisible, puede ser entendido por medio de aquello que es visible. La Biblia se refiere a Jesús como el Novio y a la iglesia como Su novia. Dios nos está dando una ilustración terrenal y física para comunicarnos la verdad espiritual de nuestra relación, y de nuestra unidad con El. Por lo tanto, necesitamos apreciar la forma en que fuimos creados como hombres y mujeres, diseñados específicamente para el amor de Dios y para sus propósitos en este mundo. *"Porque somos hechura suya, creados en Cristo Jesús para hacer buenas obras, las cuales Dios preparó de antemano para que anduviéramos en ellas"* (Efesios 2:10).

La Mujer Fue Colocada en el Jardín del Edén

En quinto lugar, una mujer es singular y única, porque Dios la colocó específicamente en el Jardín del Edén junto con el hombre. En Génesis 3:8, leemos que Dios se paseaba en el Jardín del Edén, en la frescura del día para encontrarse con Adán y Eva. El Jardín del Edén representa la relación del hombre con Dios, el lugar de comunión. Tú no puedes ser el tipo de mujer que estás supuesta a ser si estás apartada de Dios, de la misma manera que un hombre no puede ser lo que está supuesto a ser, si está alejado de Dios. Cualquier mujer que no tiene relación con el Señor es una mujer peligrosa, de la misma manera que un hombre que no tiene relación con el Señor es peligroso. Tú puedes ser aquello para lo cual fuiste creado, y tú puedes cumplir con el propósito para el cual fuiste creado, solo hasta en

Una mujer no puede cumplir su propósito a menos de que ella esté en relación con Dios.

tanto tú te mantengas en el jardín de la comunión con Dios.

Una mujer no puede llegar a ser lo que Dios tenía como intención para ella, a menos que ella esté llena con el Espíritu Santo, se someta a la Palabra de Dios, y comience a seguir la guía del Espíritu Santo. Muchas de las mujeres de hoy en día no están viviendo vidas piadosas o devotas. Ellas no están en el jardín; ellas están en el desierto. Muchos hombres se encuentran en la misma condición.

¿Recuerdas lo que sucedió cuando Adán y Eva se rebelaron en contra de Dios? ¿Qué hizo Dios? Los sacó del Jardín del Edén. Un jardín es un lugar preparado y adornado específicamente. Fuera del jardín está el desierto. Las gentes del desierto son salvajes; ellos se devoran los unos a los otros. Dios quiere que seamos transformados por medio de la renovación de nuestra mente y que nos mantengamos fuera del desierto (Romanos 12:2).

Tú necesitas una relación continua e íntima con Dios para poder convertirte en la mujer para la cual fuiste creada. Tú no puedes sólo leer revistas populares para mujeres o ver programas de entrevistas en la televisión y esperar que vas a tener revelación de parte de Dios. Este tipo de recursos normalmente te dirigen más y más profundamente dentro del desierto. Tú estás yendo hacia la perversión y la depravación. La mentalidad de la mujer del desierto es, "Yo no necesito a nadie más. Yo lo voy a hacer por mí misma. A mí no me importa lo que digan los demás; yo no necesito a ningún hombre". Dios dice que ese estilo pertenece al estilo de hablar del desierto. Yo creo que tú sabes que ese es estilo de hablar del desierto, porque muy dentro de ti, tú tienes el deseo de un jardín. Tú necesitas estar en relación con Dios, y tú necesitas estar en relación con los hombres—con un esposo o con tus hermanos en el Señor—para poder llegar a ser aquello para lo cual tú fuiste creada.

Este es el ideal, y Dios quiere que tú regreses a trabajar en el. El quiere que tú tengas el espíritu del Jardín del Edén para que tú puedas estar en continua comunión con El. Entonces, tú serás capaz de experimentar tu plenitud, tanto como un ser espiritual que fue creado a la imagen de Dios, como una mujer, creada para los buenos propósitos de Dios.

Tú eres una buena idea de Dios, y eres Su creación única y singular.

Principios

1. La mujer es idea de Dios.

2. La singularidad de la mujer es una reflexión de los propósitos de Dios y de Su diseño para ella.

3. La mujer tiene un espíritu dentro de ella, que la hace un ser espiritual responsable y libre.

4. Cuando tú no tratas bien a una mujer, tú has interferido con el hombre-espíritu que está dentro de la mujer.

5. La mujer fue tomada del hombre.

6. La mujer necesita estar conectada a su fuente de recursos.

7. El esposo debería amar a su esposa como él se ama a sí mismo.

8. La cabeza del hombre es Cristo, la cabeza de la mujer es el hombre, y la cabeza de Cristo es Dios.

9. Cristo es nuestro modelo de sumisión.

10. Una mujer no es menos que su esposo, pero, para los propósitos de Dios, su posición es someterse.

11. La sumisión activa el cielo.

12. El hombre es la cobertura de la mujer.

13. La fuente de recursos es responsable por el producto.

14. La mujer fue hecha para todo que el hombre tiene.

15. En la esfera espiritual, no hay diferencia entre los hombres y las mujeres; pero en la esfera física, tiene que haber una relación adecuada de sumisión.

16. La mujer es "más frágil" o "más débil" que el hombre: delicada, sensible y absorbente.

17. La mujer fue hecha físicamente diferente del hombre, de tal manera que ella puede llevar a cabo la reproducción de la raza.

18. Si tú no estás segura si eres una mujer o un hombre, la evidencia se encuentra en tu diseño físico.

19. La relación entre Dios y el hombre es expresada a través de la relación entre el hombre y la mujer.

20. La mujer fue colocada en el Jardín del Edén junto con el hombre.

21. Una mujer no puede cumplir su propósito a menos que ella esté en relación con Dios.

❧ Seis ❧
La Mujer como Mejoradora

Las mujeres tienen una ventaja sobre los hombres. A través
de toda la historia, ellas han sido forzadas a hacer ajustes. El
resultado es que, en muchos casos, es menos difícil para una
mujer adaptarse a nuevas situaciones que para un hombre.
—Eleanor Roosevelt
You Learn by Living

En los siguientes tres capítulos, vamos a explorar
algunos propósitos específicos para los que Dios creó
a la mujer. Si tú eres una mujer, yo creo que estos
capítulos te van a animar muy especialmente. Tú vas a
entender más acerca de ti misma y por qué eres tal como
eres. Tú vas a aprender cómo estar completa por medio de
vivir de acuerdo al diseño de Dios.

Yo creo que estos capítulos también van a ser una
bendición a los hombres que guarden en su corazón los
principios que hay en ellos, y que los apliquen en sus
relaciones con las mujeres. Si tú eres un hombre, lee estos
capítulos cuidadosamente, de tal manera que en toda tu
interactuación con la mujer, ya sea que se trata de tu
esposa, tu amiga, tu compañera de trabajo o aun tu madre,
tú puedas ser capaz de ayudarla a entender adecuadamente
y a cumplir su propósito en la creación. Si tú no sabes
por qué una mujer es como es, tú vas a seguir mal
entendiéndola y mal usándola. El propósito de este libro es
traer el conocimiento de quién es la mujer a la luz, para

que ella no sea devalorada o abusada. Ambos, mujeres y hombres, serán capaces de asegurar una mejor relación con cualquiera con quien ellos se encuentren, si es que entienden y aplican las verdades de estos capítulos.

(Por favor, mantén en mente que estos principios reflejan el ideal de los propósitos de Dios en la creación. No hemos llegado todavía, pero Dios quiere que sigamos luchando por este ideal.)

Muchos hombres están teniendo problemas en su vida hoy en día por dos razones. Primero, ellos no conocen su propio propósito; segundo, ellos definitivamente no entienden el propósito de la mujer. Cuando los hombres no conocen su propio propósito o el propósito de la mujer, esto tiene un efecto negativo en la mujer, causándole a ella tensión y dolores en el corazón. Pero cuando una mujer entiende su propósito y cómo se relaciona con el propósito del hombre, ella puede traer mucha sanidad y plenitud a sus relaciones. Ella aun puede ser capaz de aliviar muchas de las situaciones del mal uso y de abuso en su vida. Tú te asombrarías de lo que una mujer que conoce su propósito puede llegar a ser. Me he encontrado con muy pocos hombres que pueden manejar a una mujer que sí conoce su propósito.

> La mujer ha sido colocada en su posición, no porque es menos importante, sino debido a su función.

"Muchos son los planes en el corazón del hombre, mas el consejo del Señor permanecerá" (Proverbios 19:21). Muchos son los planes, las opiniones, las doctrinas y los conceptos que están en nuestro corazón, pero es el propósito de Dios el único que importa. Cuando dependemos en nuestro propio entendimiento de nuestros propósitos, entramos en problemas. Pero cuando entendemos los propósitos de Dios para nosotros, podemos enfrentar las necesidades que vienen junto con esos propósitos. De esta manera, podemos vivir vidas completas.

El propósito determina el diseño y también la posición. Aprendimos en la discusión de la autoridad y de la sumisión en el último capítulo, que la mujer ha sido colocada en su posición, no porque es menos importante, sino debido a su función. Los hombres y las mujeres tienen el privilegio de ser diferentes. Estas diferencias se deben a sus funciones específicas para ejercer dominio sobre la tierra.

Este capítulo va a discutir la función del dominio de la mujer como mejoradora. El hombre, quien fue creado primero y que le fue dada la función de líder espiritual responsable y con visión, no fue creado para vivir en aislamiento, o para cumplir su llamamiento a solas. Como mejoradora, la mujer es una líder conjuntamente con el hombre, la cual, comparte su visión y trabaja con él para llevar a cabo aquello para lo cual ambos fueron creados. La mujer toma todo lo que el hombre es y todo lo que el hombre tiene y lo amplifica y lo extiende. De esta manera, su liderazgo es efectivo y su visión compartida se convierte en realidad.

La Mujer Es la Compañera del Hombre

Dios siempre te dice las razones por las que El hace algo antes de que El lo haga. *"Y el Señor Dios dijo: No es bueno que el hombre esté solo; le haré una ayuda idónea"* (Génesis 2:18). Por lo tanto, el primer propósito de la mujer como mejoradora es el de ser una compañera para el hombre, de tal manera que él no esté solo.

Por lo tanto, Dios sacó a otro ser de él, para que el hombre pudiera tener este otro ser con quien compartir. Dios hizo a la mujer para que el hombre pudiera tener a alguien a quien pudiera dar, alguien con quien pudiera compartir su visión, alguien que pudiera llegar a ser parte de su vida. ¿Acaso no es triste el hecho de que muchos hombres no ven a las mujeres de esta forma? La mujer fue creada para que el hombre no tuviera que vivir solo. Ella es su compañera de la vida.

"Acompañar" significa dar compañía, ayudar y aun guiar a alguien. Este es el sentido en el que una mujer es la compañera del hombre.

La Mujer Es Buena para el Hombre

Dios dijo, "No es bueno que este hombre-varón esté solo". Es muy claro que, cuando Dios hizo esta declaración, lo que El quería decir era que lo que El iba a crear para el hombre iba a ser algo bueno para él. Por lo tanto, la Palabra de Dios dice, "Las mujeres son buenas, las hembras son buenas". La mujer fue creada para el bien del hombre.

Yo quiero decirle a todas mis lectoras mujeres que Dios sabía lo que el hombre necesitaba, y esto eres tú. Cuando algo está hecho para algo en especial, contiene exactamente lo que la otra parte necesita. Cuando algo fue hecho para el bien de algo en particular, contiene aquello que es bueno para la otra parte. Por lo tanto, todo aquello para lo cual Dios creó a la mujer es bueno para el hombre.

Una mujer es muy, pero muy buena para un hombre, pero cuando no se conoce el propósito, el abuso es inevitable. Una mujer puede abusar de su naturaleza y de su propósito si ella no entiende por qué es como es. En adición a esto, una mujer que no entiende su propósito puede ser en detrimento para el hombre, y un hombre que no entiende el propósito de la mujer, puede ser en detrimento para la mujer. Pero Dios dijo que la cosa más buena para el hombre, además de Dios mismo, es la mujer. Así que, en algunas formas misteriosas, a pesar de lo que hayan sido tus experiencias pasadas, una mujer es, por su misma naturaleza, algo muy bueno para el hombre.

La Mujer Comparte la Visión del Hombre

Como mejoradora, la mujer también hace posible que el hombre pueda cumplir la visión y el propósito para el cual ambos fueron creados. Ella comparte su visión, anima al hombre a lo largo del trayecto, y lo ayuda a que pueda llevarlo a cabo. Si un hombre tiene una visión, una mujer debería hacer todo lo que esté en su poder para ver que esta visión se llegue a cumplir.

Mujeres, cuando ustedes ayudan a un hombre, esto no significa que ustedes lo están haciendo a él menos, ni que ustedes están haciéndose menos. Significa que ambos, ustedes tienen la misma responsabilidad, cada uno en la posición adecuada.

En Génesis leemos que Dios hizo primero al hombre, y entonces, El le mostró todo lo que El había creado. Entonces, Dios le dijo al hombre lo que tenía que hacer con la tierra. Por lo tanto, la visión del dominio le fue dada primeramente al hombre. Es importante recordar que esta es la visión de Dios, y no solo la visión del hombre. Yo necesito imprimir sobre ambos, mujer y hombre, que es necesario que el hombre tenga visión para sí mismo, para su familia y para todos aquellos que están bajo su influencia. El debe tener una visión, porque él fue creado para ser un visionario.

Después de que Dios le dio al hombre la responsabilidad y el trabajo en el Jardín del Edén, y después de que El le había dicho al hombre que tomara dominio sobre la tierra (la visión), entonces, El dijo, "Voy a crear una ayuda idónea para el hombre". Por lo tanto, uno de los propósitos de la mujer es compartir la visión y las responsabilidades del hombre.

Un hombre no fue hecho para llevar a cabo su ministerio por sí mismo. Su visión no fue supuesta para ser cumplida por él mismo. Esto significa que una mujer no fue hecha para cumplir una visión por ella misma tampoco. Todo lo que la mujer es—su talento, sus dones, sus especialidades, su experiencia y su educación—le fue dada a ella para ayudar al hombre a que cumpla la visión de Dios. Esta es la razón por la cual las mujeres tienen tanto talento. El problema es que los hombres y las mujeres no entienden sus propósitos, y por ello, terminan usando sus talentos en contra del uno y del otro. La mujer usa sus talentos para probar que ella no necesita al hombre, en lugar de usarlos para ayudar al hombre. El hombre odia esta forma en que la mujer usa sus habilidades, porque él siente que ella lo está intimidando. Cuando esto ocurre, ambos pierden su propósito en la vida, y ambos se encuentran insatisfechos, porque ella no puede

> La tarea de dominio le fue dada a ambos, a los hombres y a las mujeres.

cumplir su propósito sin él, y él la necesita a ella para ayudarlo a cumplir su propósito. Ellos se necesitan el uno al otro, pero ellos terminan trabajando uno contra el otro.

¿Qué visión le dio Dios al hombre? El dijo, "Aquí está el Jardín del Edén: sojúzgalo, trabájalo, cultívalo. Hazlo mejor de lo que es. Desarróllalo, y haz que produzca más". En otras palabras, "Toma este planeta y hazlo más rico de lo que es. Hay semilla en esta tierra que nunca ha dado fruto. Conviértela en una cosecha. Hay oro en las montañas. Excávalo y sácalo. Hay diamantes en bruto. Excávalos y púlelos. Te estoy enviando una ayudante o ayuda idónea para que todo esto pueda ser hecho".

Otra vez, la tarea de dominio les fue dado a ambos, a los hombres y a las mujeres. Esto significa que la mujer fue hecha para ayudar al hombre a que cumpla esta visión en todas las áreas de la vida. Sin embargo, cuando el hombre ve a la mujer, llegando a las oficinas de la corporación, él se siente celoso. ¿"Qué hace ella aquí"? él dice. "Su lugar está en el hogar". ¿De dónde vino esa idea? No vino de Dios. Este precioso y hermoso regalo de la mujer le fue dado al hombre para que él no estuviera solo. ¿Pero tú sabes lo que los hombres le hacen a las mujeres? Ellos desprecian lo que verdaderamente les fue dado como compañía y ayuda. La mujer fue hecha para compartir la visión del hombre, y para ayudarle a hacer que se cumpla.

Una de las maneras en que una mujer puede ayudar al hombre a cumplir la visión es teniéndole respeto. *"Cada uno de vosotros ame también a su mujer como a sí mismo, y que la mujer respete a su marido"* (Efesios 5:33). La mujer está hecha para bendecir, para apoyar y para honrar al hombre, y el hombre está hecho para ser una cabeza, una cobertura y una protección para ella. De esta manera, ellos se están ayudando el uno al otro para llegar a ser todo aquello para lo cual fueron creados. Pero estos propósitos se rompen y se hacen pedazos cuando el hombre y la mujer no conocen las necesidades de uno y de otro.

Por ejemplo, un hombre siempre se quiere sentir como si él ha dado algún tipo de contribución para aquello que se ha realizado; él quiere sentirse como que él es el líder. Si tú eres una esposa, trata de hacer que tu esposo sienta que ha contribuido significantemente para el éxito de tu familia. Cuando tú haces sentir a un hombre que él es importante en lo que ha llevado a cabo—que él es responsable por haberse llevado a cabo, o que su contribución fue necesaria para el éxito de algo—entonces tú tendrás a alguien que te va a servir, porque un hombre se alimenta del respeto. Sin embargo, si tú lo haces sentir que no es importante, tú vas a meterte en problemas. "Bueno, yo no te necesito de todas maneras; yo he estado haciendo esto desde hace diez años sin ti". Cuando tú comunicas este tipo de ideas a un hombre, él se va a alejar más y más de ti. El tal vez se vaya a otro lado, con alguien que crea que él lo vale todo. Esa es la persona con la que él se va a quedar, con quien se va a cambiar para vivir con ella, porque esa es la persona que está llenando las necesidades de su alma hambrienta.

Un hombre necesita respeto. Esto significa que la peor cosa que tú puedes hacer es comparar a tu esposo con otro hombre. Por favor, no le digas a tu esposo, ¿"Por qué no puedes ser tú como nuestro pastor"? o ¿"Por qué no eres tú como fulano de tal"? Esta es la cosa más peligrosa—y ridícula—que una mujer puede decirle a un hombre. Cada hombre tiene su propia manera de ser y tiene su propia imagen de sí mismo. Tu trabajo es apoyarlo, aunque él no sea perfecto, y ser una fuente de ánimo para él. Tú tienes que aprender su naturaleza y entenderlo. Los ojos de la mujer deben estar mirando a las necesidades de su esposo.

La Mujer Es la Ayuda del Hombre

De acuerdo con la Palabra de Dios, la mujer también ha sido creada para ser una ayuda idónea. *"Le haré una ayuda idónea"* (Génesis 2:18). Una mujer es una agente de apoyo para el hombre. Permítanme sugerirles a ustedes que si la mujer fue hecha para ser una ayuda idónea, ella tiene que haber sido diseñada con muchas cualidades y habilidades que la van a equipar para ayudar.

El propósito de la mujer es ayudar al hombre a cumplir el plan de Dios para su vida. Las implicaciones de esto son profundas. Primero, significa que el hombre tiene que tener un plan; de otra manera, la mujer está en problemas. Segundo, significa que la mujer debe entender que su plenitud está relacionada con la visión del hombre. En otras palabras, ella nunca va a ser completa realmente a menos que ella ayude al hombre a completar su visión. Una mujer tiene que pensar, antes que haga cualquier cosa, ¿"Acaso esto va a ayudar al hombre"? Si eso no va a ayudar, entonces, ella está abusando su propósito.

Cuando una esposa decide que quiere una visión completamente diferente para su vida de la visión de su esposo, ellos van a experimentar una di-visión. *Di* significa dos o doble. La palabra *división* puede ser enseñada como "tener doble visión". Siempre que tú tengas una pareja que tiene visión doble, ellos están en peligro de divorciarse, porque *"una casa dividida contra sí misma no puede prevalecer y va a caer"* (Lucas 11:17). Tú no puedes tener dos visiones en la misma casa, o el hombre y la mujer van a ir en direcciones diferentes. Por esto es que Dios creó a la mujer para que permanezca en una posición de ayuda y de apoyo. Los ayudantes no toman el control; al contrario, ellos ayudan. Esto verdaderamente no significa que una mujer no deba tener sus propios intereses y desarrolle sus propias habilidades. Significa que, como pareja, ellos necesitan compartir la misma visión para sus vidas.

> Una esposa y un esposo necesitan compartir la misma visión.

Como mujer, aunque tú seas muy talentosa, muy educada, muy intelectual, aunque tengas mucha experiencia, aunque seas muy elocuente, y muy bien vestida, Dios dice, "Yo te di todas estas cosas, no solo para tu propio enriquecimiento y regocijo, sino para que tú puedas ser una ayuda a los hombres. Tú necesitas usar estos dones en tu posición de ayudante, o de líder conjunto". ¿Para qué estás usando tus dones? ¿Acaso los estás usando para probarle al hombre que tú eres tan buena como él? Eso no es una ayuda; eso es competencia.

La mujer algunas veces necesita ejercitar más sabiduría de lo normal cuando está ayudando al hombre, porque la última cosa que muchos hombres quieren que las mujeres crean es que ellos necesitan su ayuda. Ellos no entienden como es que Dios ha diseñado a la mujer para ayudarlos. Dios ha dicho que el hombre necesita la ayuda de la mujer. Pero cuando ella empieza a ayudar, algunas veces, el hombre interpreta su ayuda como molestia. Por ejemplo, imaginen a un hombre que no está haciendo lo que se supone que se debe hacer en su hogar. Su esposa le dice, "Cariño, tú no estás orando. Tú no oraste por los alimentos. No leímos la Palabra de Dios el día de hoy". ¿Acaso no puedes escuchar a su ego que está gritando, "Yo te voy a decir lo que se debe de hacer en esta casa; yo soy el hombre en esta casa; yo voy a orar cuando yo esté listo"?

La ayudante sólo está tratando de ayudarlo. Ella está tratando de decir, "Mira, la visión de Dios es que tú seas el líder espiritual para mí y para nuestros hijos; sin embargo, tú no puedes ser espiritual si tú no desarrollas tu vida espiritual". Así que el día siguiente ella dice, ¿"Cuándo vamos a orar"? El responde, "No me molestes ahorita. El Señor me dirá cuándo debo de orar". La ayudante está impedida de hacer su trabajo.

O supongan el caso que la mujer dice, ¿"Cuándo vamos a pagar la hipoteca"? El contesta, "He estado pensando acerca de eso; déjame en paz". Al día siguiente ella dice, "Llamó el hombre acerca de la hipoteca". ¡"No me importa"! él dice. Ahora realmente él se está enojando contra su ayudante, siendo que ella sólo está cumpliendo aquello para lo cual fue creada.

Yo creo que muchos de nosotros hemos crecido en sociedades donde los hombres creen que no necesitan ninguna ayuda. Por lo tanto, cuando la ayudante comienza a hacer aquello para lo cual fue creada, el hombre brinca totalmente las trancas, explota y destruye el don que está en la ayudante. El hombre necesita apreciar la función de la mujer como ayudante, y la mujer necesita discernimiento cuando está proporcionando esa ayuda.

Por ejemplo, si el esposo de una mujer pierde su trabajo o lo corren, y ella dice, ¿"Perdiste tu trabajo *otra vez*? Tú siempre estás poniendo a la familia en estas circunstancias tan malas", ella no está ayudando. Ella está destruyendo el autoestima del hombre, y borrando su confianza en sí mismo. Ella está sepultando su respeto de sí mismo mientras que ella cree que está ayudando. "Tú sabes, mi madre me dijo que no me casara contigo. Mis hermanas me advirtieron de todo esto..."

Mujeres, ustedes no saben lo que las palabras como éstas hacen a un hombre. Si el hombre cae, o hace un desorden, no le des una patada. Las ayudantes recogen a las personas y las sacuden el polvo. Cuando ellos caen otra vez, ellas los levantan otra vez. ¿Acaso sabes tú cuántos hombres están en el lugar en que se encuentran solo porque la ayudante se aseguró de que ellos llegaran a ese lugar? Cualquier cosa que el hombre no puede, es el trabajo de la mujer ayudarlo a que lo logre. El tal vez no sea el mejor esposo, él tal vez no esté maduro espiritualmente, pero es tu trabajo ayudarlo.

Si el hombre con que tú estás casada pierde su trabajo, él va a necesitar mucha comprensión y mucho apoyo. El va a necesitar alguien que le abrace y le diga, "Está bien, Cariño. No importa el dinero, ni ninguna otra cosa. Tú todavía eres mío. Podemos vivir en una choza y aun así ser felices". El libro de Proverbios dice que es mejor ser felices teniendo poco con que alimentarnos que comer carne en medio de la contienda. "Yo prefiero cambiarme a un apartamento de una recámara y estar contigo, en lugar de vivir en una mansión sin ti. Vamos a estar contentos en Cristo Jesús, porque tú eres todavía mi hombre. Tú eres la cobertura de Dios para mí". Si tú quieres ver a un hombre salir corriendo a buscar otro trabajo, dile algo como esto—con sinceridad. Las mujeres no saben el poder que Dios les ha dado para bendecir a los hombres.

Una mujer puede ayudar grandemente a un hombre en su vida espiritual.

Una mujer puede ayudar grandemente a un hombre en su vida espiritual. Si tu esposo no ora, no digas, "Tú no oras". En lugar a eso, ora *por él*. Esta es una manera en que tú realmente puedes ayudarlo. Entonces, anímalo cada vez que él muestre interés en las cosas espirituales. No le hagas sentir como que él no es espiritual.

Yo he visto algunas mujeres que no saben cómo ayudar a sus esposos después de que sus esposos reciben al Señor. Por ejemplo, una mujer ora por su marido durante veinte años, y finalmente, él llega a ser cristiano. El va a la iglesia con ella, y ella alaba a Dios por la contestación de esta oración. Entonces, de repente, ella se siente toda deprimida. He visto que esto sucede una y otra vez. ¿Por qué es que esta mujer se deprime? Tal vez su esposo ha escuchado alguna declaración de las Escrituras, o tal vez él ha oído a alguien en la iglesia que decía algo acerca de Dios, y él preguntó, ¿"En qué parte de la Biblia se encuentra eso"? Ella alcanza a oír que él pregunta esto y se siente mal, porque él todavía no es un experto en la Biblia. O tal vez, él ora con una voz muy fuerte durante la reunión de oración, y ella se siente avergonzada, porque él no sabe cómo comportarse. La mejor cosa que ella puede hacer para ayudarlo, es permitirle que haga preguntas, permitirle que aprenda a orar, y que esté agradecida de las cosas tan maravillosas que Dios está haciendo en su vida.

O tal vez, una mujer ve a su esposo recién convertido, leyendo la Biblia, y ella le dice, ¿"Por qué no sacas la basura a la calle"? Ella no está ayudando. La basura puede esperar un poco. Ella podía haberle permitido a él que leyera. Pueden haber celos involucrados en todo esto. Ella tal vez diga, "Ahora que tú ya eres salvo, tú debes sentarte y leer la Biblia por tres horas cada vez. ¿Acaso crees tú que eres más espiritual que yo? De lo único que hablas es iglesia, iglesia, iglesia". En lugar de eso, ella debería estar diciendo, "Te voy a ayudar a sacar la basura, Cariño". ¿Por qué? Ella va a estar ayudándolo a él a que se convierta en el líder espiritual de la casa, y esto la va a estar bendiciendo a ella. Muchos hombres tratan de moverse más cerca hacia Dios, pero son sus esposas las que los empujan y los apartan de El. En lugar de hacer esto, ellas necesitan apoyar el crecimiento espiritual de sus maridos.

Muchos hombres son despreciados o hechos menos por sus ayudas idóneas, porque ellas se sienten incómodas. Los ayudantes o ayudas idóneas están supuestos a hacer que la gente se sienta cómoda. Un hombre no puede recibir ayuda de una mujer que es antagónica en contra de él. El no puede recibir ayuda si ella se siente ofendida por él. Bajo estas circunstancias, él necesita todo su poder para mantener su propósito.

Ayudar significa apoyar. En toda ocasión en que la mujer decide que está cansada de ayudar y que ahora se va a convertir en el jefe, su hogar entre en problemas, y su relación está en problemas.

En Génesis leemos que Dios le dijo a Abraham que él iba a tener un hijo. Cuando se tardó la promesa, su mujer, Sara, pensó que ella podría tratar de ayudar a su marido por medio de darle a su sirvienta como concubina para que ellos pudieran tener un hijo por medio de ella. Ella estaba tratando de ayudar a su marido, pero ella estaba tratando demasiado. Dios quería que Sara fuera la madre del niño. Ella podría haber ayudado por medio de creerle a Dios y por medio de recibir la promesa en el tiempo de Dios. En lugar de esto, ella creó un dolor de cabeza y mucho conflicto para ella y para su marido (Ver Génesis 16 y 21).

Hay otro punto acerca de la mujer como ayudante o ayuda idónea que necesitamos mantener en mente. Cuando Dios dijo que El haría una ayudante para el hombre, yo creo que El tenía la intención de que la mujer fuera *"la ayuda idónea"* (Génesis 2:18) para los hombres en general, y no solo para su marido. Esto significa que, si tú eres una mujer, tú fuiste hecha para ser una ayuda espiritual y una motivación para los hombres que tú encuentras en la vida. Por favor, quiero que entiendan

> Algunos hombres sólo necesitan una buena palabra de una buena mujer.

que yo no estoy diciendo que una mujer se tiene que someter a otros hombres tal y como se somete a su esposo; al contrario, yo estoy diciendo que ella puede ser una tremenda influencia para bien en las vidas de los hombres. Más aun, la naturaleza de ayuda de una mujer puede ser ejercitada ya sea que la mujer sea casada o soltera, dado que es una parte natural de su formación. Una mujer soltera tiene mucho con lo que puede contribuir de esta manera, y si ella se casa, ella puede traer a su matrimonio esta valiosa experiencia de haber estado ejercitando su don y de haber estado entendiendo la naturaleza y las necesidades de los hombres.

Si tú ves a un hombre que tú conoces que está destruyendo su vida con drogas, tú puedes ir a él y decirle, "Dios tiene mucho potencial dentro de ti. Me rompe el corazón verte metido en estas drogas". El hecho de que tú digas esto le va a ayudar. Tú no tienes que estar casada para dar ese tipo de ayuda. Algunos hombres sólo necesitan una buena palabra de una buena mujer. Algunos hombres no tienen buenas madres. Les han dicho cosas negativas acerca de ellos mismos durante toda su vida. Ellos están buscando que una mujer les diga algo positivo acerca de ellos mismos. Permíteme advertirte que esto requiere de una discreción muy cuidadosa por parte de la mujer para que no vaya a dar una impresión equivocada. Pero una mujer puede ser una fuerza poderosa para bien en la vida de un hombre por medio de darle motivación.

Sí, los hombres están muriéndose de hambre por recibir buenas palabras de las mujeres, especialmente de las mujeres cristianas. Pero algunas veces son las mujeres cristianas las que destruyen a los hombres la mayor parte de las veces, porque ellas mal entienden sus prioridades que tienen en Dios. Ellas dicen, "Dios está primero", y por lo tanto, descuidan a sus familias. La Biblia usa palabras muy fuertes en contra de este tipo de comportamiento. Dice, *"Si alguno dice: Yo amo a Dios, y aborrece a su hermano, es un mentiroso; porque el que no ama a su hermano, a quien ha visto, no puede amar a Dios a quien no ha visto"* (1a. Juan 4:20). Me estoy refiriendo al tipo de mujeres que salen a salvar el mundo pero pierden a sus familias. Ellas necesitan ponerse a pensar cuidadosamente acerca del tipo de ayuda que dan. En lugar de estar fuera de la casa cada noche de la semana, asistiendo a reuniones de oración, ellas deberían estar buscando las maneras en que pueden animar y ayudar a sus maridos y a sus familias. Esta es la mejor manera en que ellas puedan amar a Dios.

La Mujer Es Adaptable al Hombre

Dios dijo, *"Le haré ayuda idónea para él"* (Génesis 2:18). Otra palabra sinónima para la palabra *idónea* es *a la medida,* lo cual significa "adaptado especialmente para un fin o diseño específico". Una mujer es diseñada con el propósito de adaptarse al hombre. Esto significa que ella tiene la energía interior y los circuitos internos para adaptarse a la visión y al propósito de él.

Consideremos la siguiente ilustración. Una planta crece de la tierra y tiene que mantener su raíz en la tierra para poder vivir. ¿Qué es lo que determina la salud de la planta? El suelo en que está plantada. Si tú la plantas en una tierra que está llena de nutrientes, es casi seguro que va a florecer. Pero si tú la plantas en una tierra que es muy alta en contenido de sales, se va a llegar a poner enfermiza y aun, tal vez muera. Así que la planta se adapta a lo que recibe del medio ambiente al cual está conectada. Por lo tanto, basada en la calidad de la tierra de donde viene la planta, normalmente tú puedes determinar la salud y la naturaleza de la planta.

Dios dijo, "Voy a hacer una creación derivada del hombre que se va a adaptar a la naturaleza de la fuente de donde salió. Cualquier cosa con que el hombre la alimente, ella se convertirá en eso". Si tú tomas una planta y la pones en agua que ha sido teñida de rojo, la planta va a absorber el color, y esto se va a ver en las hojas o en los retoños. Algo similar sucede en la vida de una mujer. Una mujer se adapta a la fuente de donde vino, que es el hombre, y absorbe su nutrición de él. Por lo tanto, si el hombre no le gustan los colores de la mujer, para hablar en este sentido, él necesita cambiar el agua que le está dando a su planta. Si al hombre no le gusta la manera en que la mujer está manifestándose, entonces, él tiene que checar y ver qué tipo de nutrientes—o qué tipo de veneno—él está alimentando en esta planta maravillosa.

La adaptación de una mujer también significa que si una mujer entra en una situación o en un medio ambiente, ella tiene una mayor tendencia a convertirse en ello, más que el varón. Esta cualidad puede ser una bendición tremenda, pero también puede ser muy peligrosa. Esta es la razón por qué las mujeres tienen que ser muy cuidadosas para no abrirse, ni a cualquier, ni a todo tipo de medio ambiente.

Una mujer es más emocional que un hombre, porque ella es movida por estímulos del medio ambiente. Por lo tanto, una mujer se va a entusiasmar cuando, por primera vez, ella entre en una iglesia donde el Espíritu de Dios se está moviendo muy fuertemente. Si un hombre entra caminando con ella al mismo tiempo, él se va a sentar hasta atrás y va a checar todo primero. Si a ella le preguntan, si acaso le gustaría formar parte de la iglesia, ella formaría parte en tres semanas; él formaría parte en tres años.

El hombre es diferente de la mujer. El está programado para ser lógico, por lo tanto, él quiere una explicación lógica para todo. ¿"Por qué levantas tus manos"? él va a preguntar. "Tú puedes adorar teniendo tus manos abajo". ¿"Por qué tú siempre cantas en ese lenguaje chistoso"? "Es un don del Espíritu Santo". ¿"Acaso yo necesito hablar en lenguas"? "No necesariamente, pero es bueno, porque te edifica". Por el otro lado, una mujer generalmente va a decir, "Esto es fantástico. Lo quiero, no importa lo que sea". Ella está reflejando su propósito.

¿Alguna vez te has preguntado por qué frecuentemente hay más mujeres que hombres en las iglesias? Esto se debe a la forma en que ellos fueron creados. Una mujer siempre se va a someter y a adaptar más fácilmente a las cosas espirituales debido a su propósito, debido a la manera en que ella es diseñada. La mayor parte del tiempo, les lleva a los hombres un largo tiempo antes de ser convencidos lógicamente.

Ahora, es muy difícil para una mujer adaptarse a alguien que no está dirigiendo. Ella no puede seguir a alguien quien no está yendo a ningún lado. Ella no se puede adaptar al hombre que no sabe lo que está haciendo. La mujer no puede funcionar adecuadamente si el hombre no funciona. Por lo tanto, si un hombre quiere que una mujer se adapte a él, él tiene que darle a ella algo para adaptarse. Hay muchos hombres que andan por ahí, y que no tienen nada que hacer, y les están pidiendo a las mujeres que les ayuden con esto. Eso es ilegal. Dios le dijo al hombre, "Tú vas a ser un proveedor. Tú vas a proveer la visión". El hombre fue hecho para tener una visión. La mujer fue hecha para ayudarle a cumplirla. Pero si él no tiene una visión, ¿cómo es que ella va a ayudarlo? Ella no puede ayudar a un hombre que no hace nada.

El mundo está lleno de mujeres frustradas que están viviendo con hombres que no van a ningún lado. Es ridículo que un hombre le pida a una mujer que deje el hogar de sus padres para seguirlo a él, siendo que él no va a ningún lado. La primera pregunta que una mujer debe hacerle a un hombre cuando él le pide a ella que lo siga es, ¿"Adónde vas tú en esta vida"? Si él no puede contestar esta pregunta, ella debe decirle que busque un mapa y que ella le hablará más tarde. Una mujer es algo muy precioso para desperdiciarla sentada en una casa, estando frustrada por veinte años. Me rompe el corazón el ver los potenciales preciosos y asombrosos de mujeres que han sido sofocados por algunos hombres que no saben lo que están haciendo. Dios dice, "Yo la hice a ella para que se adapte al hombre". Pero el hombre tiene que tener algo para lo cual la mujer puede adaptarse.

> El mundo está lleno con mujeres frustradas que están viviendo con hombres que no van a ningún lado.

Es suficientemente difícil el hecho de no tener nada a que adaptarse, pero es todavía peor si tú te tienes que adaptar a algo que no es correcto para ti. Muchos hombres quieren que las mujeres se adapten a un estilo de vida, que aun ellos mismos sienten que es contrario a sus propias convicciones. La palabra "adaptar" podría ser traducida como "someterse". La mujer está programada a someterse. Pero ella debería someterse verdaderamente solo cuando ella reconoce la autoridad moral del hombre que está sobre de ella.

Algunos hombres no merecen que nadie se adapte a ellos. Ellos no son dignos de ello. Ellos no le están dando al adaptador aquello con lo que estaría cómoda para adaptarse. Cuando éste es el caso, tú vas a encontrar mujeres que se están adaptando en amargura, en odio, en engaño, o en malicia. Ellas han sido forzadas a adaptarse a algo que es en contra de su voluntad, y ellas lo odian.

Cualquier cosa que el hombre deja de dar o que da, la mujer generalmente se va a adaptar a ello. Eventualmente, ella se va a convertir en ello. Ella nació para adaptarse, ella fue diseñada para adaptarse, y por lo tanto, ella se convierte en todo aquello con lo es que alimentada. Yo he podido observar mujeres, cuyos maridos tienen la tendencia a estar diciendo groserías y malas palabras. Estas mujeres, de igual forma, eventualmente acaban desarrollando el hábito de decir malas palabras. Los niños también tienen las raíces en el suelo. Ellos absorben cualquier cosa que viene de su fuente de recursos, y acaban produciendo el mismo fruto que viene de la fuente de recursos. De esta manera, tú acabas con una familia que se ve igual que el papá. La razón de esto es la adaptación.

¿Por qué crees tú que hay tantas mujeres hoy en día que son fumadoras? Hace años, había un anuncio de cigarros que tenía a una mujer delgada y alta, que tenía un cigarro en su mano, y que estaba sonriendo. Lo único saludable acerca de cómo se veía eran sus dientes. La frase al comienzo del anuncio decía, "Ya has avanzado un buen trecho, muñeca". Ese anuncio estaba diciendo, "Ustedes los hombres ya han tenido sus cigarros por mucho tiempo. Ahora nos hemos adaptado, y tenemos los nuestros". Las mujeres se pueden adaptar a cualquier cosa. Los hombres comenzaron a fumar marijuana, a inyectarse, y a tomar cocaína; entonces las mujeres dijeron, "Bueno, vamos a adaptarnos". Ahora tenemos tantas mujeres como hombres, y tal vez aun más, usando drogas. ¿Por qué? Ellas tienen circuitos adaptables; ellas son vulnerables.

La mujer tiene un tremendo espíritu de adaptación. Yo he escuchado hombres decir, "Si mi esposa me hubiera hecho a mí lo que yo le hice a ella, yo me hubiera largado desde hace un buen tiempo". Están diciendo que hay algo acerca de las mujeres que las hacen permanecer más tiempo en situaciones incómodas de lo que los hombres lo harían.

La razón de esto es el espíritu de adaptación. "El me golpea, pero yo me he adaptado a ello". "El duerme con otras mujeres, pero yo me he adaptado a ello". "El toma todo nuestro dinero y lo tira, pero está bien. Yo todavía lo amo; me he ajustado a esto". "El llega tarde y sólo duerme aquí dos veces por semana, pero Dios es bueno; yo me adaptaré a eso. Ya me estoy acostumbrando".

Pero mientras que una mujer está diseñada a adaptarse, ella no está diseñada a adaptarse para siempre. ¿Recuerdas lo que aprendimos en un capítulo anterior? Las mujeres tienen una tremenda habilidad para permitir cosas, pero ellas no van a permitir que el comportamiento abusivo continúe para siempre. Aunque las mujeres pueden ser sumisas en espíritu, ellas no son tontas. Aunque ellas han tenido la tendencia de aguantar cosas debido a su espíritu adaptable, ellas no están diseñadas para aguantar cosas indefinidamente. El amor puede sufrir un tiempo, pero solo un tiempo—no para siempre. Llega un tiempo cuando el adaptador acaba con la adaptación. La mujer llega a un punto en el cual ella necesita adaptarse con algo de libertad y encontrar algo digno en que dedicar su vida. Un hombre debe de ser cuidadoso de tratar este espíritu de adaptación con mucho cuidado y sensibilidad, y considerarlo como un aspecto valioso de su unidad con la mujer.

La Mujer Mejora Su Propia Vida

La mujer es, por lo tanto, una mejoradora por medio de ser la compañera del hombre, siendo buena para él, compartiendo su visión, siendo su ayuda y siendo adaptable a él. En todas las maneras en que la mujer mejora la vida del hombre, ella también está mejorando su propia vida, dado que ella es líder conjuntamente y participante en la visión de dominio que fue dada por Dios al hombre-espíritu. Cuando una mujer y un hombre aprenden a vivir juntos armoniosamente dentro de sus propósitos y posiciones, ayudándose y apoyándose el uno al otro, ellos pueden vivir el tipo de vida para la cual fueron creados, y pueden encontrar plenitud y contentamiento duraderos.

Principios

1. En la función de dominio de la mujer como mejoradora, ella es líder conjuntamente con el hombre. Ella comparte su visión y trabaja con él para cumplir aquello para lo cual ambos fueron creados.

2. La mujer toma en sí quién es el hombre y lo que el hombre tiene y lo amplifica y lo extiende. De esta manera, el liderazgo de él es efectivo y la visión compartida de ellos se convierte en realidad.

3. El primer propósito de la mujer como mejoradora es ser una compañera para el hombre, para que él no esté sólo.

4. El segundo propósito de la mujer como mejoradora es ser buena para el hombre.

5. El tercer propósito de la mujer como mejoradora es compartir la visión del hombre.

6. La mujer capacita al hombre para que cumpla la visión y el propósito para el cual ambos fueron creados.

7. Una de las maneras en que la mujer puede ayudar al hombre a cumplir la visión es teniéndole respeto.

8. El cuarto propósito de la mujer como mejoradora es ser la ayuda del hombre.

9. Cuando una esposa decide que quiere una visión completamente diferente para su vida, en lugar de la visión de su esposo, ellos van a experimentar una división.

10. Cuando la mujer decide que está cansada de ayudar y que se va a convertir en el jefe, su hogar se mete en problemas.

11. La intención de Dios es que la mujer sea la ayuda idónea del hombre en general, y no solo para su marido.

12. El quinto propósito de la mujer como mejoradora es ser adaptable al hombre.

13. La mujer se adapta a la fuente de recursos de donde vino.

14. Si una mujer entra en una situación o en un medio ambiente, ella tiene una mayor tendencia a convertirse en ello más que el varón.

15. Una mujer es más emocional que un hombre, debido a que es movida por estímulos del medio ambiente.

16. Cualquier cosa que el hombre deja de dar, o que da, la mujer generalmente se adaptará a ello.

17. En todas las maneras en que la mujer mejora la vida del hombre, ella también está mejorando su propia vida, debido a que ella es líder conjunta y participante de la visión de dominio.

La Mujer como Reflectora

En este capítulo vamos a discutir un segundo aspecto de la función del dominio de la mujer: su función como reflectora. El hombre, el espíritu, fue creado de la esencia de Dios y a la imagen de Dios para poder recibir el amor de Dios y reflejar Su naturaleza. La mujer fue creada con el mismo modelo. Ella fue hecha de la esencia del hombre y a la imagen física del hombre para poder recibir el amor del hombre y reflejar su naturaleza. El paralelismo entre la creación del hombre-espíritu y la creación de la mujer, tal y como lo aprendimos anteriormente, es impactante. Tiene gran significado para nuestra relación personal con el Señor y también para nuestra representación del amor de Cristo hacia el mundo. Primeramente vamos a ver el propósito de la mujer como reflectora y lo que esto significa para la relación hombre-mujer. Entonces, veremos las implicaciones espirituales de la función de la iglesia para reflejar la naturaleza de Dios hacia el mundo como la novia de Cristo.

La Mujer Es Objeto del Amor del Hombre

La Mujer Fue Diseñada para Recibir Amor

La razón más importante de que la mujer fue creada es para que ella pudiera recibir amor. Por lo tanto, el primer propósito de la mujer como reflectora es que ella fue hecha para ser objeto del amor del hombre y para reflejar el amor que él le da.

Cuando Dios hizo a la mujer, El la sacó del hombre, para que el hombre pudiera tener a alguien a quien amar y quien fuera de su propia naturaleza. Fue amor lo que hizo posible la existencia de la mujer. De esta manera, el hombre fue creado para ser un dador de amor y la mujer fue creada para ser una receptora de amor. En el último capítulo, vimos como la naturaleza receptora de la mujer hace que ella se haga adaptable para el hombre y para el medio ambiente que la rodea. Pero el *primer* propósito de la naturaleza receptora de la mujer es recibir amor.

Lo que esto significa es que Dios ha diseñado a la mujer para funcionar en amor. El amor es el combustible de la mujer. Cuando tú no le das combustible a un automóvil, éste deja de funcionar. La misma cosa sucede con una mujer. Si tú no le das el amor que ella debe recibir, ella, de la misma manera, no puede funcionar completamente en la forma para lo que ella fue creada. Para poder sentirse realizada y plena, la mujer necesita amor.

En Efesios 5, Pablo dijo, *"Maridos, amad a vuestras mujeres"* (v. 25). El expresó este pensamiento tres veces: *"Maridos, amad a vuestras mujeres, así como Cristo amó a la iglesia y se dio a sí mismo por ella"* (v. 25). *"Así también deben amar los maridos a sus mujeres, como a sus propios cuerpos. El que ama a su mujer, a sí mismo se ama"* (v. 28). *"En todo caso, cada uno de vosotros ame también a su mujer como a sí mismo, y que la mujer respete a su marido"* (v. 33).

El hombre debería amar a la mujer, porque ella fue sacada de él y es una parte de él. Si él no la ama, esto es el equivalente a que el hombre se odiara a sí mismo (v. 29). El se está tratando bien a él mismo cuando él está tratando bien a su esposa. La función del hombre, entonces, es amar a su esposa como a sí mismo, con todos los atributos del amor que se encuentran en 1a. Corintios 13:

El amor es paciente, es bondadoso; el amor no tiene envidia; el amor no es jactancioso, no es arrogante; no se porta indecorosamente; no busca lo suyo, no se irrita, no toma en cuenta el mal recibido; no se regocija de la injusticia, sino que se alegra con la verdad; todo lo sufre, todo lo cree, todo lo espera, todo lo soporta. El amor nunca deja de ser. (1a. Corintios 13:4–8)

Cuando tú le das amor al hombre-mujer, ella viene a la vida. Pero cuando ella recibe cualquier otra cosa que no es amor genuino, es como si hiciera un corto circuito. Cuando tú no amas a una mujer, tú estás abusando de su misma naturaleza.

Es interesante notar que en ningún lado en la Biblia, Dios le dice a la mujer que ame al hombre. A la mujer se le indica y se le instruye a que se someta al hombre, que lo respete y que lo honre. Pero Dios le ordena al hombre una y otra vez que ame a la mujer. ¿Por qué? Es porque la Caída dañó el amor natural que Dios le había dado al hombre por la mujer, de tal manera, que el hombre quiere gobernar a la mujer en lugar de amarla como a sí mismo. Esta es la razón por qué, a medida que el hombre es restaurado al diseño original de Dios por medio de la redención en Cristo Jesús, él necesita ser instruido para amar a la mujer. Por la misma razón, el respeto natural que Dios le dio a la mujer para el hombre fue destruido, y, por eso, es que ella necesita ser instruida para que ella pueda llegar a respetar al hombre. Entonces, cuando los propósitos de Dios son restaurados, la paz se restablece entre los hombres y las mujeres; sin embargo, cuando se permite que la naturaleza caída tenga libertad y reine, ahí va a haber discordia.

La mujer fue hecha principalmente para ser amada por el varón.

Así que la mujer fue hecha primeramente para ser amada por el hombre. Cuando Pablo dijo, *"Maridos, amad a vuestras mujeres"*, él estaba diciendo, de hecho, "Marido, sobre todo, ama a tu esposa". No te preocupes de otras cosas antes de ésta, porque tú puedes encargarte de las otras cosas en forma natural. Si tú la amas, tú vas a poder resolver muchos otros problemas existentes y problemas potenciales en tu matrimonio. Cuando tú le das el amor que ella necesita, ella va a funcionar adecuadamente, porque ella nació para ser amada".

La mujer va a reflejar el amor o la falta de amor que recibe. Cuando ella es amada, ella es más capaz de vivir una vida de gozo y de paz, aun en medio de circunstancias difíciles. Cuando ella no está siendo amada, es como si existiera un peso en su corazón. Cualquier hombre que viola la necesidad de la mujer de tener cariño, está mal usando y abusando del propósito de Dios para la mujer. *"Maridos, amad a vuestras mujeres y no seas ásperos con ellas"* (Colosenses 3:19).

La Mujer Necesita Tener Amor Expresado a través del Afecto

Las mujeres necesitan tener al amor expresado hacia ellas a través de palabras y gestos de afecto. Vamos a ver a este tema otra vez en un capítulo posterior cuando veamos las necesidades emocionales de la mujer. Los hombres básicamente son lógicos e indiferentes a las emociones en la forma en que ven la vida, y tienen la tendencia a tratar a las mujeres de la misma manera. Pero, debido a la forma en que las mujeres son diseñadas, ellas interpretan al acercamiento lógico de un hombre como frialdad. Los hombres necesitan aprender cómo amar a sus esposas de tal manera que ellas pueden entender y recibir su amor. Esta es la clave. Las mujeres tienen que ser capaces de recibirlo. No es suficiente que un hombre *piense* que le está dando amor a la mujer; él necesita aprender las maneras en que ella recibe el amor. El necesita aprender la forma cómo las mujeres en general reconocen el amor, y él necesita aprender cómo su esposa en particular reconoce el amor.

Por ejemplo, un hombre se para delante del ministro y delante de la congregación de testigos en el día de su boda, y le dice a su esposa, "Te amo. Yo te voy a cuidar por el resto de mi vida, hasta que la muerte nos separe". Han pasado dos meses y su esposa pregunta, ¿"Todavía me amas"? El le contesta, un poco sorprendido, "Te lo dije hace dos meses". Han pasado dos años y ella pregunta, ¿"Todavía me amas"? El está todo asombrado, y dice, "Te lo dije hace dos años". Han pasado diez años. Ella dice, "Tú no me has dicho que me amas en los últimos diez años". El contesta, "Cariño, ¡te dije eso hace diez años, y todavía se aplica hasta el día de hoy! Yo te voy a dar a conocer si algún día cambio de parecer". ¡Eso no es afecto, eso es ignorancia! Una mujer funciona en amor; ella necesita escuchar esto expresado muy a menudo. Muchas mujeres dicen que el hecho de recibir muestras de bondad y de afecto en forma regular de sus esposos, tal como flores, notas, etc. es lo que les comunica el amor a ellas. No es qué tan caro es el regalo, tanto como la veracidad del pensamiento que está detrás de el, y la consistencia al recibir éstos, lo que hace la diferencia.

Muchos hombres creen que están expresando su amor adecuadamente a sus esposas por medio de proveerlas con las cosas básicas de la vida, como un lugar para vivir, comida, y ropa, o por medio de darles cosas muy caras, tales como aparatos eléctricos, automóviles, y aun abrigos de mink. Ciertamente, muchos hombres dan estos regalos debido a una motivación de amor; sin embargo, el hecho de dar cosas materiales no es la esencia del amor. El amor no dice, "Te compré esta casa. ¿Qué más quieres"?

¿Cuál, entonces, es la naturaleza del amor que un hombre debería mostrar a una mujer?

Una Mujer Deber Ser Amada tal y como Cristo Amó a la Iglesia

"Para santificarla, habiéndola purificado por el lavamiento del agua con la palabra, a fin de presentársela a sí mismo, una iglesia en toda su gloria, sin que tenga mancha ni arruga ni cosa semejante, sino que fuera santa e inmaculada" (Efesios 5:26–27). Si un hombre va a amar a su esposa, él tiene que hacerse amigo de Cristo Jesús. El tiene que encontrar la forma cómo Cristo amó a Su iglesia. ¡Se va a llevar toda una vida el poder estudiar ese manual de amor! El *"se dio a Sí Mismo por ella"*, para santificarla.

Santificar algo significa apartarlo de todo lo demás, ponerlo aparte en un lugar especial, cuidarlo cada día, y valorarlo como una gema sin precio. Santificar algo significa que tú no permites que nada se le acerque que pudiera lastimarlo o destruirlo. Ha sido puesto aparte para un uso especial. Esto significa que tú no lo prestas a nadie. No está disponible para entretener a otras gentes. *"Y vosotros, maridos, igualmente, convivid de manera comprensiva con vuestras mujeres, como con un vaso más frágil, puesto que es mujer, dándole honor como a coheredera de la gracia de la vida, para que vuestras oraciones no sean estorbadas"* (1a. Pedro 3:7). Cuando un hombre realmente ama a su esposa, la considera lo máximo de lo máximo. Cuando ella recibe este tipo de amor, ella lo va a reflejar en su continencia, en la manera en que mira la vida, y en su interactuación con otras personas.

Estos principios de la necesidad de la mujer para recibir amor, han sido expresados principalmente en el escenario de las relaciones matrimoniales. Sin embargo, ellos pueden ser aplicados mucho más ampliamente. Tal y como hablamos acerca de cómo las mujeres pueden ser ayuda espiritual y motivación no solo a sus esposos, sino también a otros hombres que encuentran en sus vidas, los hombres pueden hacer lo mismo para las mujeres. Ellos pueden ayudar a edificar el autoestima de una mujer por medio de valorarla y tratarla con bondad y amor cristiano. Las mujeres necesitan la afirmación de los hombres, de la misma manera que los hombres necesitan el respeto de las mujeres. Esto es especialmente importante que los hombres lo entiendan, dado que ellos frecuentemente están en posiciones de autoridad sobre las mujeres—en la iglesia, en el trabajo y en otras esferas de la vida—y ellos ejercen influencia de sus perspectivas y de sus actitudes.

El hombre puede edificar el autoestima de la mujer.

Podemos regresar a 1a. Corintios 13 como la guía del hombre para respetar y afirmar a las mujeres en cualquier interactuación o relación que él tenga con ellas. Los hombres necesitan recordar que las mujeres que están bajo su autoridad o supervisión necesitan ser tratadas con consideración, para que la naturaleza que Dios les ha dado no se apague. Muy frecuentemente, las mujeres reflejan la forma en que son tratadas por los hombres; si los hombres reflejan el amor y la naturaleza de Cristo en sus tratos con las mujeres, las mujeres también podrán reflejar el amor y la naturaleza de Cristo.

La Mujer Representa la Naturaleza del Hombre

El segundo propósito de la mujer como reflectora es representar la naturaleza del hombre. Ella debe reflejar la esencia de todo aquello para lo que Dios creó al hombre a Su imagen.

Primera de Corintios 11:7, dice que la mujer es la gloria del hombre. *"Pues el hombre no debe cubrirse la cabeza, ya que él es la imagen y gloria de Dios; pero la mujer es la gloria del hombre".*

Cuando pensamos acerca de gloria, frecuentemente pensamos en una nube llena de luz. Pero gloria en el sentido en que estamos hablando aquí, tiene que ver con la naturaleza de algo. ¿Recuerdas nuestra discusión en un capítulo anterior acerca de cómo el sol, la luna y las estrellas tienen su propio tipo de esplendor o de gloria? En su significado más amplio, la palabra *gloria* puede ser aplicada a todas las cosas. La gloria de algo es la mejor expresión de sí mismo. Una de las definiciones de gloria es "una cualidad o característica distinguida". Tú puedes ver una flor en su verdadera gloria cuando está floreciendo de lleno. Tú puedes ver un leopardo o un león en su verdadera gloria cuando está en lo mejor de su fuerza. Tú puedes ver el sol en su verdadera gloria a las doce del día. Después de eso, su luz comienza a decaer. La gloria de algo es cuando está en su plenitud. Por lo tanto, la gloria se refiere a la manifestación o a la exposición de la verdadera naturaleza de algo.

"Pues Dios, que dijo que de las tinieblas resplandecerá la luz, es el que ha resplandecido en nuestros corazones, para iluminación del conocimiento de la gloria de Dios en la faz de Cristo" (2a. Corintios 4:6). *"Entonces, ya sea que comáis, que bebáis, o que hagáis cualquiera otra cosa, hacedlo todo para la gloria de Dios"* (1a. Corintios 10:31). Cuando la Biblia dice que la humanidad está hecha para mostrar la gloria de Dios, esto no significa solo el hecho de levantar nuestras manos y decir, ¡"Aleluya"! Esto es alabanza, pero no es gloria en el sentido en que estamos hablando. Reflejar la gloria de Dios significa reflejar Su verdadera naturaleza.

La gloria de Dios frecuentemente es manifestada mejor cuando respondemos como Cristo lo haría en una situación difícil. Por ejemplo, cuando alguien te está molestando en tu trabajo, Dios te está diciendo, "Deja que salga la gloria. Deja que la gente vea cómo es Dios bajo presión".

Por lo tanto, la gloria de algo es la manifestación de su verdadera y mejor naturaleza.

La mujer y el hombre tienen diferentes tipos de gloria. El hombre debe reflejar *"la imagen y la gloria de Dios"* (1a. Corintios 11:7), mientras que *"la mujer es la gloria del hombre"* (v. 7). La Palabra de Dios está declarando una verdad muy profunda. Esencialmente, significa que si tú quieres conocer cómo es un hombre, no mires al hombre, sino a la mujer que lo está reflejando. Esto significa, que si a ti no te gusta la forma en que son las mujeres, la responsabilidad de esto cae en los hombres. Las mujeres están reflejando a los hombres. Por supuesto, que cada individuo es responsable delante de Dios por sus propias acciones ya sea hombre o mujer. Por ejemplo, una mujer puede reflejar su propio egoísmo de lugar de estar reflejando la bondad de su marido. Salomón dijo, *"La mujer virtuosa es corona de su marido, mas la que lo avergüenza es como podredumbre en sus huesos"* (Proverbios 12:4). Este versículo muestra la poderosa influencia que una mujer puede tener en la vida de un hombre. Pero los hombres tienen una gran responsabilidad para reflejar verdaderamente la imagen y gloria de Dios, de tal manera que ésta puede ser reflejada en las mujeres de su vida, y de tal manera también que las mujeres pueden reflejar la gloria de Dios a cambio.

Yo he notado que cuando un hombre se casa, muy a menudo él revela el tipo de hombre que es solo por la forma de ser de su esposa. Si tú eres una mujer que está interesada en un hombre y quieres saber cómo es él realmente, no le preguntes a su padre o a sus hermanos; habla con sus hermanas y con su madre. Mi esposa hizo eso. Normalmente, cuando la madre de un hombre da un buen reporte acerca de él, él está bien. La Biblia dice que es contra la naturaleza el que una madre olvide al bebé que ella crió (Isaías 49:15). Dios diseñó una relación especial entre la madre y su hijo. Una madre verdaderamente puede identificar la naturaleza básica de su hijo. Así que, si tú quieres saber cómo es un hombre, tienes que hablar con las mujeres en su vida.

Tú puedes decir cómo son los hombres en nuestra sociedad por medio de observar a las mujeres. Observa nuestros hogares; ¿quién está mandando en la casa? Frecuentemente, son las mujeres las que llevan el liderazgo. ¿Qué es lo que nos dice esto acerca del hombre? El no está siendo responsable espiritualmente, porque él no está cumpliendo su propósito y su posición como cabeza del hogar. Observen a nuestros niños; ¿cuál es su esperanza para el futuro? Muchos de ellos no tienen dirección. ¿Qué es lo que te dicen acerca del hombre? El no está proveyéndoles con visión.

> Tú puedes decir cómo son los hombres en nuestra sociedad por medio de observar a las mujeres.

Observen a las mujeres; hay más mujeres que hombres trabajando. ¿Qué te dice esto acerca del hombre? El no está cumpliendo su propósito. La mujer—y muy a menudo los niños también—te van a mostrar cómo es el hombre.

Si la esposa de un hombre siempre está deprimida, enojada, triste, o de mal humor, esto frecuentemente significa que ella está reflejando el trato que está recibiendo de su marido. La mujer debería ser capaz de crecer en gracia y llegar a ser una mejor persona como resultado de estar con su marido.

La Novia de Cristo

Cuando vemos los aspectos espirituales de estos principios, vemos que Jesús también tiene una novia que debe reflejar Su naturaleza. En el griego original, su nombre es *ekklesia*. La traducción de esta palabra es "iglesia". Jesús mandó la iglesia al mundo para que sea una reflexión de El Mismo. El le dijo a Su novia, "El mundo va a saber quién soy Yo y que Yo fui enviado por el Padre, por medio de la forma en que tú actúes, por medio de tener unidad los unos con los otros. El mundo no va a venir a Mí a tratar de ver cómo soy; el mundo va a venir a Mi novia. Si ustedes no se aman los unos a los otros, ellos nunca sabrán cómo soy Yo". (Ver Juan 13:34–35; 17:21–23.)

¿Sabes tú por qué la gente del mundo no está viniendo a Jesús, tanto como ellos deberían venir a El? Es porque la iglesia en su gran mayoría es un malísimo testigo, y es porque los matrimonios de los individuos no están reflejando la gloria de Dios. No estamos viviendo en el amor y en la unidad que Jesús dijo que sería lo que revelaría Su naturaleza al mundo. Por lo tanto, mientras que la iglesia tiene que reflejar a Cristo por ser Su novia, frecuentemente no lo hace. La Biblia nos dice que esto es contrario a la naturaleza. Jesús es el esposo perfecto, y merece tener Su verdadera naturaleza reflejada en Su novia. La gloria del Señor fue hecha para estar en la iglesia.

Reflejando a Dios ante el Mundo

Pero nosotros todos, con el rostro descubierto, contemplando como en un espejo la gloria del Señor, estamos siendo transformados en la misma imagen de gloria en gloria, como por el Señor, el Espíritu.

(2a. Corintios 3:18)

Se ha dicho muy seguido que un matrimonio es una iglesia dentro de otra iglesia. Si el mundo no está viendo la naturaleza de Cristo a través de la iglesia en la forma en que debería estarlo viendo, tal vez deberíamos comenzar a corregir este problema por medio de comenzar a ver nuestros hogares, en las relaciones entre esposos y esposas, padres e hijas, hermanos y hermanas. Entonces, deberíamos ver la naturaleza de nuestras relaciones y amistades entre los hombres y las mujeres de la iglesia.

Un matrimonio es una iglesia dentro de otra iglesia.

La función de la mujer como reflectora del amor y de la naturaleza del hombre puede revelar poderosamente el gran amor que Dios tiene por la humanidad. Ella le puede mostrar a su familia, a su comunidad, y al mundo entero lo que significa ser amada por Dios y lo que significa llevar la imagen del Creador. Ella puede ser un testigo para el mundo entero de la compasión de Dios y de Su sacrificio por el hombre, y del gozo y de la sanidad que uno puede recibir a través de Su amor.

Sin embargo, el hombre tiene la gran responsabilidad en este llamamiento. Si él no da el tipo de amor que la mujer pueda recibir y reflejar, si él no refleja la naturaleza de Dios, entonces, el testimonio de la familia y de la iglesia se debilita grandemente.

Con la redención de Cristo Jesús, el mandato de dominio dado al hombre se amplia para incluir un mandato para el hombre redimido—que es la iglesia—cultivar a la gente del mundo para Dios. Jesús les dijo a Sus discípulos acerca de aquellos en el mundo que están perdidos, *"Alzad vuestros ojos y ved los campos que ya están blancos para la siega"* (Juan 4:35). Si los hombres y las mujeres se dieran cuenta del poderoso impacto de sus relaciones en la salvación del mundo, ellos estarían considerando seriamente y en oración la forma cómo este mandato se puede llevar a cabo a medida que ellos dan y reflejan el amor y la naturaleza de Dios en sus relaciones de cada día.

Principios

1. La razón más importante por la cual fue creada la mujer es para que ella pudiera recibir amor.

2. El primer propósito de la mujer como reflectora es que fue hecha para ser objeto del amor del hombre y para reflejar el amor que él le da a ella.

3. Dios ha diseñado a la mujer para que funcione en amor.

4. La Biblia le dice al hombre que ame a la mujer, pero no le dice a la mujer que ame al hombre. Le instruye y le indica que se someta a él y que lo respete.

5. La mujer va a reflejar el amor o la falta de amor que ella recibe del hombre.

6. Las mujeres necesitan continuamente que se les exprese el amor por medio de palabras y gestos afectuosos.

7. Muchos hombres creen que ellos están expresando el amor adecuadamente a sus esposas por medio de proveerles con las cosas básicas de la vida, o por medio de darles regalos muy costosos. Esto no expresa el verdadero amor.

8. Si un hombre va a dar amor a su esposa, él tiene que andar en la compañía de Jesús. El tiene que encontrar la forma como Cristo Jesús amó a Su iglesia.

9. El hombre debe "santificar" a su esposa: debe apartarla en su corazón y en su vida, y valorarla como su gema más preciosa.

10. Los hombres muy frecuentemente se encuentran en posiciones de autoridad sobre las mujeres, y ellos ejercen influencia sobre sus perspectivas y actitudes. Ellos deberían tratar a la mujer con bondad y con amor cristiano para no apagar la naturaleza que Dios les ha dado a ellas.

11. El segundo propósito de la mujer como reflectora es representar la naturaleza del hombre. Ella debe reflejar la esencia de todo para lo que Dios creó al hombre a Su imagen.

12. La gloria se refiere a la manifestación, a la exposición, de la verdadera naturaleza de algo.

13. El hombre refleja la imagen y la gloria de Dios, mientras que la mujer refleja la gloria del hombre.

14. Si tú quieres saber cómo es un hombre, no le preguntes al hombre. Mira a la mujer que lo está reflejando.

15. Jesús mandó a la iglesia al mundo para que fuera un reflejo de El Mismo.

16. La función de la mujer como reflectora del amor y de la naturaleza del hombre puede revelar poderosamente al mundo el gran amor que Dios tiene por la humanidad.

Ocho

La Mujer como Dadora de Vida

Se ha dicho que la presión aplicada en el cuerpo de una mujer durante el parto podría matar a un hombre. Aparentemente, la presión es tan pesada que el cuerpo de un hombre no podría soportarla. Este fenómeno nos deja ver un nuevo significado en el versículo, *"Te alabaré, porque asombrosa y maravillosamente he sido hecho; maravillosas son tus obras, y mi alma lo sabe muy bien"* (Salmo 139:14). Cuando Dios creó a la mujer para que fuera capaz de tener un bebé hasta su término, y de parir a ese bebé, El le dio capacidades extraordinarias. El la hizo de tal manera que ella pudiera ser aquello para lo cual había sido diseñada. La mujer fue diseñada para ser capaz de gestar—concebir, llevar un bebé hasta su término, y traer esta nueva vida al mundo. Ahora, como veremos, el diseño de Dios para la mujer como dadora de vida, va más allá de sus habilidades físicas. Impregna toda su formación como mujer. Por lo tanto, el tercer aspecto de la función de dominio de la mujer, es que ella fue hecha para concebir, desarrollar, y dar nueva vida o "incubar" lo que ella recibe dentro de ella misma.

El Nombramiento de la Mujer

Después de la Caída, pero antes que el hombre y la mujer fueran sacados del Jardín del Edén, el hombre le dio a la mujer un nombre. *"Y el hombre le puso por nombre Eva a su mujer, porque ella era la madre de todos los vivientes"* (Génesis 3:20). El nombre Eva en el hebreo es *Chavvah*, y significa "dadora de vida". Es significante que Dios no hizo que el hombre y la mujer salieran del Jardín del Edén antes de que Eva fuera llamada así. Como lo mencionamos anteriormente, su habilidad para parir hijos, su función de dadora de vida, fue parte del diseño original de Dios y no un resultado o consecuencia de la Caída en ninguna manera.

La mujer es esencialmente dadora de vida. A ella le fue dada la habilidad de recibir la semilla del hombre y de reproducir su misma especie. Esta es una capacidad asombrosa. Dios le dio a la mujer una responsabilidad poderosa en el mundo.

La Mujer Enfoca Toda Su Ser en Crear Vida

Durante su embarazo físico, el cuerpo de la mujer sufre una completa transformación: el tejido de su vientre se hace más grueso para poder crear un medio ambiente a fin de que la nueva vida se pueda desarrollar mientras que está guardada, protegida, segura, y caliente; sus niveles de hormonas cambian para prevenir un posible aborto; la química de su cerebro se altera; sus nutrientes son dirigidos para que vayan primero a su bebé que todavía no ha nacido y en segundo lugar hacia ella; su centro de gravedad cambia para que ella pueda mantener el equilibrio durante el tiempo que comparte su cuerpo con el bebé que todavía no ha nacido, y de esta misma manera, ocurren muchos otros cambios. El embarazo es un proceso asombroso que cambia el objetivo y el esfuerzo de todo el cuerpo de la mujer para enfocarlo en la tarea de desarrollar la nueva vida dentro de su vientre.

La mujer tiene vientres físicos, emocionales, mentales y espirituales.

La Mujer Es una "Incubadora" por Naturaleza

Pero la función de dominio de la mujer como dadora de vida no está limitada a llevar o a parir un ser humano. Podríamos llamarla una "incubadora", porque su naturaleza misma refleja su inclinación a desarrollar y a dar nueva vida a las cosas. Este propósito de la mujer no es sorprendente, porque a menudo es una reflexión de lo espiritual en el mundo físico, tal y como Pablo nos dijo en Romanos 1.

Desde que Dios creó la habilidad gestativa de la mujer como una parte integral de su naturaleza, esta habilidad impregna todas las áreas de su vida. Ella tiene un vientre físico, pero también tiene "vientre" emocional, un "vientre" mental y de instinto y un "vientre" espiritual. Ella da vida en todas estas áreas de su formación. Todo acerca de ella es un vientre. Ella recibe cosas dentro de ella misma, las nutre hasta que maduran, y entonces, las regresa en una forma completamente desarrollada. Por ejemplo, un esperma no sirve para nada si no cuenta con el huevo. Un huevo, al unirse con un esperma, es lo que genera la vida humana, y las células resultantes del embrión comienzan a multiplicarse cuando están en el medio ambiente nutricional del vientre. Lo que comenzó como un esperma y un huevo, termina como un bebé humano completamente formado. El feto se ha desarrollado de tal manera que ahora tiene vida en sí mismo. De forma similar, la mujer toma de la gente y del medio ambiente que la rodea—especialmente su esposo, si ella es casada—y crea algo completamente nuevo con aquello que tomó. Muchas mujeres ni siquiera saben que han sido bendecidas con este propósito asombroso.

Todo regresa al propósito y diseño de Dios. La naturaleza de la mujer es ser una receptora, y por eso es que ella puede recibir la semilla del hombre a fin de crear una nueva vida humana. Pero no es solo cuestión de recibir, sino también de ser capaz de transformar aquello que ha recibido en una forma asombrosa, lo que la hace una incubadora. Un vientre nunca te va a regresar lo mismo que recibió. Siempre va a tomar lo que tú le has dado y lo va a multiplicar.

Cualquier cosa que tú le des a la mujer, ella lo va a multiplicar.

Cuando una mujer recibe una idea y la incuba, se convierte en algo más grande—algo mayor, más fuerte, más dinámico. Esto implica tanto que ella se tambalea con el peso de todo esto. Cualquier cosa que tú le des a la mujer, ella lo va a multiplicar. Si tú le das un esperma, ella te va a dar un bebé. Si tú le das una casa, ella te va a dar un hogar. Si tú le das víveres, ella te va a dar una comida. Si tú le das una sonrisa, ella te va a dar su corazón. Ella multiplica y aumenta todo lo que se le da.

Por lo tanto, si tú quieres desarrollar cualquier cosa, tráesela a una mujer. ¿Acaso tienes tú el comienzo de una idea o de una petición de oración? Dile a una mujer. Muchos hombres les dicen sus ideas a todo el mundo excepto a sus esposas. ¿Tienes una idea para tu negocio? Dile a una mujer. Cuando ella regresa a ti con ello, ella te va a decir, "Aquí está tu negocio". Ella va a tener el plan y la forma de hacerlo y aun vas a ver de dónde obtener el dinero. Y el plan va a funcionar.

El Proceso Creativo de la Incubación

¿Qué es exactamente lo que yo quiero decir al referirme a la incubación como algo diferente de la gestación física? Yo quiero decir que la mujer ha sido dotada con muchas habilidades creativas que pueden ayudar a sus seres amados, a ella misma y al mundo. Una mujer incuba en estas formas principales:

- Ella ve las posibilidades y el potencial.
- Ella calcula las palabras, las acciones, y las relaciones entre las cosas.
- Ella procesa palabras, ideas, necesidades y problemas.
- Ella concibe e inventa.
- Ella desarrolla ideas, planes y programas.
- Ella protege lo que ha recibido mientras lo desarrolla.
- Ella produce algo completamente nuevo de aquello que ha recibido.
- Ella multiplica lo que se le da.

Tú podrás decir que la mujer es un departamento completo de investigación y de desarrollo en ella misma. Al hacer esto, ella refleja la naturaleza de su Creador que *"Da vida a los muertos y llama a las cosas que no son, como si fueran"* (Romanos 4:17). De la misma manera que Dios creó al hombre a partir de Sí Mismo, una mujer trae vida desde lo más profundo de ella misma.

El don de ser una incubadora tiene dos lados. Puede tener una lado destructivo así como un lado creativo, siempre y cuando lo que recibe la mujer dentro de ella misma no es saludable para ella emocionalmente, psicológicamente y espiritualmente. Hemos visto esto debido a que la mujer es una receptora, ella se adapta o refleja las actitudes o acciones de aquellos que la rodean. Ella las toma y las procesa en una manera que puede ser un misterio para el hombre, quien siempre ve la vida de una manera simple y objetiva.

El Vientre de las Emociones

Por ejemplo, muchos hombres muestran actitudes dominantes o antagónicas hacia la mujer en sus vidas durante largos períodos de tiempo. Una mujer puede estar embarazada con la amargura que un hombre la ha estado dando durante años. En algún punto, su paciencia va a terminar, y ella va a parir. La mujer ha recibido esta amargura. Ella ha estado muy callada por años, mientras que ha traído dentro su doloroso bebé, y por lo tanto, el hombre no entiende cuando de repente llega el momento en que ella da a luz todo esto. Ella tal vez diga, ¡"Esto es todo! ¡Ya basta! Quiero que te vayas". El hombre dirá, ¿"Qué sucedió? He estado haciendo lo mismo durante los últimos diez años". "Bueno, eso es todo; el bebé ha llegado. Salte. Toma tu ropa, todo lo que tienes y vete de mi casa". El se pregunta qué le ha pasado a ella, pero el bebé ha estado dentro de ella durante un largo tiempo, creciendo y desarrollándose.

> Todo lo que le has estado dando a la mujer, lo vas a recibir devuelto— en una forma diferente.

Durante años, yo he estado enseñando a los hombres que sean cuidadosos con lo que alimentan a las mujeres, porque va a regresar a ellos—en una nueva forma, más fuerte. Cualquier cosa que tú le has estado dando a una mujer, te lo va a devolver. Va a crecer y desarrollarse en algo que tú no esperabas. "Aquí está, esto es lo que tú me diste", dirá ella. "Este es el resultado de lo que tú me presentaste". Frecuentemente, la actitud de la mujer realmente es "el bebé" que ha resultado de lo que el hombre le ha estado dando.

Supongamos que un hombre le dice a su esposa durante una discusión muy acalorada, ¡"Yo deseo que nunca me hubiera casado contigo"! La mujer se enoja al escuchar esto, pero ella se encierra en su recámara emocional. El hombre tal vez le dijo mil palabras durante esta discusión, pero esa oración fue la única que entró a su corazón, penetrándola de la misma manera que un solo esperma entre millones penetra al huevo durante la concepción. ¿Quieres saber lo que ella hace con esto? Lo incuba. Nueve años después, él le dice a ella, "Cariño, tú eres la cosa más dulce con quien jamás yo me pude casar". Ella dice, "Tú no pensabas eso hace nueve años". La mujer todavía está cargando al bebé.

Ahora, los hombres se encargan de cuidar los negocios que tienen enfrente y se olvidan de otras cosas. Así que, él le contesta, ¿"De qué estás hablando"? Pero ella recuerda el día, la hora, las condiciones climatológicas que había ahí, quien estaba ahí, el color del vestido que ella tenía puesto, y hasta qué sabor de helado estaba comiendo. Ella incuba las cosas.

El hombre es diferente porque él no tiene ningún vientre. Si tú le dices a un hombre, "Tú eres feo", él te dirá, "Tú también eres feo", y entonces, él va a olvidar el incidente. Sin embargo, si tú le dices eso a una mujer, ella lo va a recordar para siempre.

Los hombres solteros tienen que tener mucho cuidado con lo que ellos le dicen a las mujeres solteras. Si un hombre le dice a una mujer, "Hola, preciosa, tú te ves fantástica", él probablemente va a tener un bebé en un corto tiempo. Y no estoy hablando de un bebé físico. El va a concebir un bebé emocional. La mujer le dirá, "Tú me dijiste que me amabas". El dirá, "Yo sólo estaba bromeando". ¡"Bromeando"!

La mujer va a incubar tus palabras, así que ten mucho cuidado con lo que tú le digas. Si un hombre sabe que la mujer es una incubadora, entonces, él va a tener mucho cuidado con lo que él le dice a ella. Supongamos que un esposo le dice a su esposa que ella ha aumentado un poco de peso. Para él, es una declaración casual, pero se convierte en algo que la mujer va a incubar. De repente, él la ve a ella levantándose muy temprano y saliendo a correr, siendo que ella nunca hacía esto antes. El se pregunta qué es lo que provocó esto, pero esto se debe a que ella ha concebido su comentario. Cada vez que él lo menciona, ella se siente más y más bajo presión acerca de esto. Entonces, ella comienza a sentirse insegura. Ella comienza a sentir como si él estuviera viendo a otras mujeres y comparándola con ellas. Esto va creciendo internamente hasta que un día ella lo escucha decir algo bonito acerca de otra mujer. Entonces, ¡quítense del paso, porque aquí viene el bebé!

Este principio no sólo se aplica a las relaciones entre esposos y esposas o aun entre hombres y mujeres en general. Las mujeres tienen que tener mucho cuidado de lo que ellas le dicen a otras mujeres también. Una mujer le puede decir a su amiga, "Tu cabello se ve un poco diferente el día de hoy". Ella sólo está diciendo un pequeño comentario acerca del cabello de la otra mujer, sin que esto lleve ninguna intención implícita. Pero ese no es el final del comentario. La amiga toma ese comentario, se lo lleva a casa, y lo incuba, lo hace crecer, y lo desarrolla. Un par de semanas más tarde, esta amiga provoca todo un problema a causa de lo que trae en su corazón. Tenemos que tener mucho cuidado con lo que les decimos los unos a los otros.

Una mujer nunca olvida nada. ¿Recuerdan el versículo que vimos anteriormente? ¿*"Puede una mujer olvidar a su niño de pecho, sin compadecerse del hijo de sus entrañas"?* (Isaías 49:15). Un hombre puede olvidar incluso que él tiene un hijo, pero una mujer puede tener noventa años de edad, y todavía estar diciendo acerca de su hijo de setenta años de edad, "Este es mi bebé". Ella lo llevó dentro, ella lo gestó, y en un sentido, ella todavía lo está gestando. Ella todavía piensa en las formas como ella podría ayudarlo; ella todavía se preocupa acerca de él.

El Vientre de la Mente o del Instinto

Dios nunca tuvo la intención de que el hombre viviera en aislamiento. Nunca fue su idea que esto sucediera, porque Dios es amor, y por naturaleza, el amor desea compartir. Hay algunos hombres egoístas en el mundo que no quieren casarse, simplemente porque ellos no quieren tener que compartir su dinero con nadie más. Cuando algunos hombres reciben su pago, ellos retienen sus cheques muy celosamente. Ellos siempre piensan que su mujer va detrás de su dinero. Puede haber algo de verdad en esto. Sin embargo, la razón de que ella va detrás del dinero, es que ella ha sido programada para recibir. La razón de que ella ha sido programada para recibir, es que, si el hombre guarda su dinero para él mismo, no se le multiplicará. Una mujer es una incubadora. Ella nunca te va a regresar lo mismo que le diste, sino que te dará más y mejor de lo que le diste.

Si tú le das a una mujer $20.00 y le dices, "Cariño, yo confío en ti. Por favor, invierte esto en lo que tú creas que es correcto". Cuando tú vuelves a ver esos $20.00, se habrán convertido en doscientos dólares y después en dos mil dólares y después en veinte mil dólares. Jesús le dio a su novia once apóstoles y al Apóstol Pablo. Ella todavía está multiplicando lo que El le dio. Ella no va a regresarle a El solo doce hombres. Ella le va a dar millones de hombres, mujeres y niños. La iglesia está tomando la semilla de la Palabra de Dios y haciendo que se multiplique en millones de almas que ella pueda presentarle a Dios. Dios no sólo va a recibir aquello que El dio. El va a obtener mucho más, porque El se lo dio a una mujer llamada la iglesia. La mujer es como el siervo de la parábola de los talentos que dobló la inversión que su amo le había confiado.

> Una mujer puede tener noventa años de edad, y todavía estar diciendo acerca de su hijo de setenta años de edad, "Este es mi bebé".

Los hombres necesitan entender que la naturaleza de una mujer puede ser una gran bendición para ellos.

El Vientre del Espíritu

¿Por qué es que menos hombres asisten a las reuniones de oración? Si tú vas a una reunión de oración, tú vas a ver que la mayoría de los asistentes son mujeres. Yo noté que esto pasaba en mi iglesia, y comencé a preguntarme acerca de ello. Entonces, me di cuenta, "Es porque las mujeres son incubadoras. Si a ellas se les da una idea, una necesidad o un problema, ellas lo van a considerar con el corazón, y van a trabajar en eso hasta que lleguen a tener una solución".

De la misma manera en que un vientre nutre al feto durante el desarrollo, y una incubadora protege a los bebés prematuros o enfermos, una mujer tiene un instinto nutricional que puede ser una fuente de recursos muy poderosa para ayudar y para animar las vidas de otros.

Si un hombre quiere orar acerca de algo, él le debería decir a una mujer. Ella va a tomar las circunstancias en su vientre espiritual, donde ella tiene esos encuentros con Dios, en su ser interior, y donde lo incuba por meses, si es necesario, y entonces, viene con una solución. Ella no se rinde hasta que ella no reciba una respuesta de parte de Dios.

Jesús no dijo que había un hombre tocando a la puerta de un juez para obtener justicia. (Ver Lucas 18:2–8). No fue un hombre quien estuvo persistiendo ante el Señor Jesús para la sanidad de su hija, diciendo, *"Sí, Señor; pero también los perrillos comen de las migajas que caen de la mesa de sus amos"* (Mateo 15:27). La mujer es una incubadora. Ella no se rinde hasta en tanto no ha cumplido sus nueve meses de embarazo y está lista para dar a luz.

¿Sabes a quién le dio Dios el primer mensaje de la resurrección? A las mujeres. ¿Sabes por qué El no les dio el mensaje a los hombres primero? Ellos se olvidan de las cosas muy fácilmente. El esperó hasta que llegaron las mujeres. Cuando María llegó, El dijo, "Yo quiero tomar una incubadora. Yo quiero alguien que pueda tomar esto y que nunca deje de hablar de ello". Fueron las mujeres quienes les dijeron a los hombres. ¿Por qué? Porque los hombres se habían encerrado en su cuarto. Pero las mujeres habían regresado a la tumba.

Si tú le das a una mujer en el pozo un mensaje, ella lo va a transformar en todo un equipo de cruzada evangelística. (Ver Juan 4:4–30.)

La Mujer Le Da Vida a las Cosas

La mujer fue hecha para dar vida. Esto significa que si tú necesitas algo de vida en tu vida, debes buscar a una dadora de vida. Hay algunos hombres hoy en día que andan por ahí, tratando de confiar en sí mismos, manteniendo a las mujeres al alcance de su brazo. Ellos no saben de la vida que se están perdiendo.

Dios hizo a la mujer para ser una dadora de vida, para que en cualquier momento que tú necesites algo, ella lo pueda hacer. ¿Alguna vez has estado en el apartamento de un hombre que vive sólo? Los colores parecen muertos. Todo está fuera de lugar. Se ve horrible. La gente le dice, "Necesitas el toque de una mujer". Cuando el hombre se casa y su mujer se cambia a vivir con él, ella cambia todos esos colores muertos. Ella pone cortinas de colores muy llamativos, coloca flores en las diferentes habitaciones, pone cuadros en las paredes, arregla todo el mobiliario, y, en muy poco tiempo, lo convierte en un lugar maravilloso. Cuando una mujer entra en una habitación, cambia el ambiente de ese lugar. Ella le da vida a cualquier lugar.

Dios quiere liberarte para que desarrolles los dones que Él ha colocado dentro de ti.

Damas, sus esposos tal vez no sean capaces de proveerles con un castillo en este momento. Pero ustedes pueden tomar lo que ellos proveen para ustedes y darle vida. Tomen lo mejor de lo que ellos les ofrecen, incúbenlo, y denle vida. Cuando ustedes hayan acabado con ello, la casa se habrá convertido en un hogar.

Muchas mujeres tienen dones de incubación, pero es tanto lo que han sido golpeadas por la vida y por las expresiones insultantes e hirientes de otros, que ellas muy rara vez usan estos dones. A ellas les han dicho los hombres y otras mujeres que no tienen nada con que contribuir. Si esta es tu situación, yo creo que Dios quiere liberarte para que desarrolles los dones que El ha colocado dentro de ti, así como las ideas y las visiones que El te dará. No temas. Dios te ha dado una habilidad tremenda, y tú puedes ser una bendición para muchos a medida que tú reflejes la naturaleza de tu propio Creador y Dador de vida.

* * * * *

En los últimos tres capítulos, hemos explorado los propósitos de la mujer en el dominio como mejoradora, reflectora y dadora de vida. La mujer es un producto único de Dios. Los hombres (y las mujeres) deben entender su valor y sus contribuciones, y afirmarlas en sus propósitos, diseños, y funciones para las cuales Dios las creó. De esta manera, el hombre y la mujer conjuntamente pueden llegar a ser el verdadero reflejo de Su Creador en la manera como deben ser.

Principios

1. El tercer aspecto de la función de dominio de la mujer es que ella es una dadora de vida.

2. La función de dominio de la mujer como dadora de vida no está limitada a gestar o a parir niños humanos.

3. La mujer es una "incubadora", porque su naturaleza misma refleja su inclinación a desarrollar y a darle nueva vida a las cosas.

4. Su habilidad como incubadora impregna todas las áreas de su vida. Ella tiene un vientre físico, pero también un "vientre" emocional, un "vientre" mental y de instinto, y un "vientre" espiritual.

5. Lo que hace a una mujer ser una incubadora, no sólo es el hecho de recibir, sino de ser capaz de transformar lo que ella ha recibido.

6. Un vientre nunca te va a regresar lo mismo que recibió. Va a tomar lo que le diste y lo va a multiplicar.

7. La mujer incuba de estas maneras principales:

   • Ella ve las posibilidades y el potencial.

   • Ella considera las palabras, las acciones y las relaciones entre las cosas.

   • Ella procesa palabras, ideas, necesidades y problemas.

   • Ella concibe e inventa.

   • Ella desarrolla ideas, planes y programas.

   • Ella protege lo que ha recibido mientras lo desarrolla.

   • Ella produce algo nuevo de lo que ha recibido.

   • Ella multiplica lo que se le da.

8. Cuando un hombre sabe que una mujer es una incubadora, entonces, él puede ser cuidadoso y considerar lo que le dice a ella.

9. La mujer tiene un instinto nutricional que puede ser una poderosa fuente de ayuda y de ánimo en las vidas de otros.

10. Dios quiere liberarte para que desarrolles los dones que El ha colocado dentro de ti, y las ideas y visiones que El te dará.

Entendiendo el Estilo de Comunicación de la Mujer

He visto mucho como para no saber que la impresión
de una mujer puede ser más valiosa que la conclusión
de un razonador analítico.
—Sir Arthur Conan Doyle
(Como Sherlock Holmes)

Dios hizo a las mujeres y a los hombres muy diferentes los unos de los otros en la manera en que piensan, actúan y responden. Estas diferencias fueron diseñadas para ser complementarias y no divisorias. Adán y Eva vivieron originalmente en armonía con Dios, y por lo tanto, ellos eran capaces de vivir en armonía el uno con el otro. Ellos sabían cómo apoyarse en las cualidades del uno y del otro en comunicación para el mejoramiento de ambos. Sin embargo, cuando la humanidad se apartó de los propósitos de Dios y rompió la relación con El, las líneas de comunicación entre hombres y mujeres fueron cortadas o muy seriamente dañadas. Por lo tanto, las diferencias que originalmente fueron diseñadas para hacer corresponder uno con el otro, ahora, muy frecuentemente nos llevan a malos entendidos y a conflictos en el matrimonio y en otras relaciones entre mujeres y hombres.

¡Existen muchas posibilidades de que tú has podido experimentar algo de este mal entendimiento y conflicto de primera mano! El manejar las diferencias de opinión y el tratar de evitar conflicto, son los problemas comunes en las relaciones.

Por consecuencia, ¿cómo deberías conducirte cuando tú has sido creado para funcionar diferentemente de otros, con los cuales tú vives y trabajas? ¿Cómo es que vas a vivir en armonía con un esposo o con una esposa a quien tú amas, pero que procesa la información, y que responde de una manera completamente distinta a como tú lo haces? ¿Cómo te vas a hacer entender y cómo te vas a poder comunicar de una manera efectiva? Más que nada, ¿cómo vas a evitar el tratar de controlar a otra persona o el crear un abismo entre tú y los demás a causa de estas diferencias?

Muchas mujeres y muchos hombres luchan con estos conceptos. La respuesta es poder entender los diseños y los propósitos de las mujeres y de los hombres que ejercen influencia en sus estilos de comunicación. Con este conocimiento—y con algo de paciencia y de perdón—las mujeres y los hombres que están buscando los propósitos redentores de Dios para su vida pueden comunicarse unos con otros de forma efectiva con felicidad. Tal vez Colosenses 3:13 sería un buen principio como guía a seguir cuando tengamos que tratar con las diferencias en la comunicación: *"Soportándoos unos a otros, y perdonándoos unos a otros, si alguno tiene queja contra otro; como Cristo os perdonó, así también hacedlo vosotros"*. Cuando las mujeres y los hombres son considerados los unos con los otros, tienen las bases sobre las cuales, ellos pueden desarrollar el amor mutuo y el respeto que es crucial para unas relaciones duraderas.

> ¿Cómo puedes vivir en armonía con alguien que es tan diferente de ti?

Ahora vamos a ver el estilo de comunicación de las mujeres y lo vamos a contrastar con el estilo de los hombres, de tal manera que sus diferentes perspectivas pueden ser entendidas y apreciadas. De esta manera, ellos pueden ser traídos hacia el equilibrio complementario que fue el propósito original de Dios para ellos. Se va a conseguir este equilibrio cuando las mujeres y los hombres entiendan las cualidades de cada estilo de comunicación, y cuando ellos aprendan a comunicarse unos con los otros de acuerdo al estilo que la otra parte puede recibir y entender.

Los siguientes son las naturalezas básicas y las tendencias de las mujeres y de los hombres en la comunicación. Por supuesto, siempre va a haber excepciones, dependiendo del individuo de que se trate. Pero aun dentro de las variables, las tendencias generales normalmente son veraces.

La Mujer Es un "Sensor Emocional"

Dios hizo a la mujer primeramente como un "sensor emocional", mientras que El hizo al hombre básicamente como un pensador lógico. Primero, vamos a definir estos términos.

Cuando yo digo que la mujer es un sensor emocional, yo me estoy refiriendo a la manera en que ella procesa y piensa acerca de la comunicación verbal y no verbal que ella recibe y percibe del mundo que la rodea. Debido a que la mujer es una incubadora, ella no sólo recibe pensamientos e ideas dentro de su ser, sino que también los transforma a medida que ella los procesa en sus vientres emocional, mental y espiritual. Su estilo de comunicación refleja este proceso. Cuando una mujer recibe información, ella la asimila tanto mental como emocionalmente *al mismo tiempo*. Esto es lo que la hace distinta que el varón, quien generalmente usa estas funciones de forma separada. ¿Por qué es esto?

Otra vez, el propósito determina el diseño. La creación de Dios es asombrosa. El realmente diseñó los cerebros de las mujeres y de los hombres para que sean diferentes. Las rutas de neuronas entre el hemisferio izquierdo y derecho del cerebro de una mujer (tanto el lado lógico como el lado emocional) están intactos. Esto explica lo que muchas veces sorprende a los hombres: el porqué las mujeres son capaces de hacer múltiples tareas al mismo tiempo, en lugar de tener que enfocarse solo en una. El cerebro de la mujer le permite procesar hechos y sentimientos casi en forma simultánea. Sus emociones están con ella todo el tiempo mientras que está pensando, y esto ejerce influencia en su perspectiva del mundo que la rodea en la misma manera que aquello que se le está siendo comunicado.

En contraste, hay menos nervios conectando los dos hemisferios en el cerebro del hombre, de tal forma que el lado lógico y el lado emocional no están conectados tan estrechamente. Debido a esto, él necesita básicamente "cambiar velocidades" para moverse de su lado dominante lógico a su lado emocional. Por esto es que los hombres en general, piensan en términos de hechos y en una forma lineal. Ellos piensan como una línea recta—es la distancia más corta entre dos puntos—lo cual les da la habilidad de ver el objetivo (la visión), y de enfocar sus energías para alcanzarlo en la manera más directa y más viable.

Las mujeres, por el otro lado, tienden a pensar más como una hoja de cálculo en lugar de una línea recta. El cerebro de una mujer está diseñado para poder recoger muchos detalles que los hombres no "ven", cosas que van más allá de los hechos, tales como, las personalidades, las motivaciones y los sentimientos, tanto de ella misma como de los demás. Ella puede percibir, analizar, evaluar y ver las relaciones entre todas las cosas al mismo tiempo, de la manera como a, b, y c se coordinan en una hoja cuadriculada que contiene varios factores al mismo tiempo.

No existe persona, ni género alguno, que pueda ver el mundo con una perspectiva completa. Por lo tanto, Dios ha diseñado las cosas para que cuando el hombre-mujer y el hombre-varón trabajan en unidad, ellos pueden ayudarse el uno al otro, y puedan ver una imagen más equilibrada de la vida. No fueron hechos para entender el mundo y cumplir su mandato de dominio estando aislados el uno del otro. Por esta razón, ellos tienen formas de ver el mundo dentro de cada uno, las cuales benefician el otro. Dios diseñó a la mujer para que viera la vida a través de un filtro emocional y al hombre para que viera la vida a través de un filtro lógico. Esto no significa que las mujeres no usan la lógica o que los hombres no tengan emociones. Cada uno solamente tiene una forma específica de ver al mundo.

La mujer puede ayudar al hombre a ver aspectos de la vida, los cuales, si son ignorados o sobreenfatizados, se pueden convertir en desviaciones o en agujeros que le van a impedir alcanzar su meta, o no alcanzarla tan pronto como él tenga que hacerlo. La visión periférica de ella lo ayuda a él a que no esté cegado lateralmente a medida que él tiene su mente puesta en una sola cosa para poder alcanzar sus metas y objetivos. Por el otro lado, la forma lineal de pensar del hombre ayuda a la mujer a que no se enrede en tantas capas de su forma de pensar multidimensional, y que no pierda visión del objetivo y que al final de cuentas nunca acabaría de alcanzarlo. Las mujeres y los hombres se necesitan los unos a los otros para marcar lo mejor trayectoria de la vida—la que las permite alcanzar su objetivo común, pero, al mismo tiempo, pueden hacer de su viaje el más pleno, el más sabio, y el más galardonador posible.

Hay hombres que han escrito de las mujeres como si fueran tontas e inferiores, debido a que son expresivas y a que muestran sus emociones. Una mujer no necesita disculparse por sus emociones. Dios la hizo para que sintiera. Los hombres han asumido que su forma de operar es mejor que la forma de operar de las mujeres, en lugar de pensar que son complementarias. Ellos no han sabido o no han entendido cómo y por qué fue creada la mujer para ser un sensor emocional.

Sintiendo y Pensando

Lo que viene a ser la comunicación entre hombres y mujeres es sentir, pensar y expresarse a uno mismo. Tanto los hombres como las mujeres sienten. Los hombres y las mujeres piensan. Es su manera de ver al mundo y de ver la expresión de ellos mismos lo que hace la diferencia. La primera reacción de una mujer generalmente va a ser una de tipo emocional, seguida por una en forma pensante. La primera reacción de un hombre va a ser en forma pensante, pero él también va a sentir algo.

Debido a que la mujer fue creada para estar más afinada o más entonada emocionalmente, ella lo siente todo—desde la manera en que una persona la mira a ella, hasta lo que una persona está diciendo o haciendo. Esta es una respuesta natural para ella, debido a que ella fue hecha para sentir todo el mundo que la rodea y también todo su interior.

Por ejemplo, una mujer está esperando esa noche romántica con su esposo, que ambos han planeado. Ella va a preparar la comida, va a poner la mesa, va a arreglar las flores, tal vez incluso pula los cubiertos, y lo reciba en la puerta cuando él llega a casa. Su esposo entra, dice, "Hola", y entonces pasa al lado de ella, sin notar que ella se ha arreglado muy especialmente. En lugar de ir a la mesa, él se dirige a la sala y dice, "Voy a tener la cena en frente de la televisión mientras veo las noticias". Su mente todavía está en programación tipo trabajo. Su intención es encontrar cualquier tipo de información que pueda afectar su trabajo, y por lo tanto, su habilidad de proveer para su esposa y para su familia. Sin embargo, debido a que su esposa no entiende esto, ella está profundamente lastimada por el comportamiento de él; su primera reacción de ella es sentir que él es un ingrato, un desconsiderado y que no tiene ningunos sentimientos. Así que ella se dirige a la sala y se acerca a él muy enojada. El le pregunta, ¿"Qué te pasa"?

En este punto ella no ve nada complementario en la forma como él ha sido diseñado. Cuando no entendemos el propósito, comenzamos a mal interpretar los motivos. Es este tipo de sospecha lo que crea el conflicto. Esta es la razón por la cual el hecho de entender el propósito y el diseño es tan importante. La reacción de ambos, tanto del hombre como de la mujer, están relacionadas en la forma como fueron creados. Ella tomó su aparente indiferencia de forma ofensiva, mientras que la mente de él estaba preocupada con lo que estaba pensando, de tal manera que él no notó lo que su esposa estaba sintiendo.

> Cuando no entendemos el propósito, comenzamos a mal interpretar los motivos.

Cuando las mujeres y los hombres entienden que el hombre-mujer es un sensor emocional y que el hombre-varón es un pensador lógico, ellos pueden entender cómo usar sus diferencias en beneficio de ambos. El punto es que las distintas diferencias entre los hombres y las mujeres (fueron hechas para ayudarles—y no como un obstáculo, ni como una fuente de dolor. Una manera de pensar y de comunicarse no es mejor que la otra, y las diferencias inherentes entre los dos no son consecuencia de la Caída. La manera en que las mujeres y los hombres son diseñados es para su bien. Ellos sólo necesitan ejercitar la paciencia y el entendimiento y valorar la contribución del otro.

Expresión de Uno Mismo

La mujer generalmente expresa sus sentimientos y sus pensamientos mejor de lo que el hombre puede hacerlo. A la mayoría de las mujeres les encanta hablar, debido al propósito de Dios para ellas. Dios diseñó a la mujer para que comunicara todo lo que está en su corazón y en su mente. Debido a que un hombre habla menos que una mujer, algunas veces él puede darle a ella la impresión que no está pensando mucho. Los hombres piensan bastante; sin embargo, a menudo ellos no expresan sus pensamientos, y cuando lo hacen, ellos expresan solo los puntos más sobresalientes, debido a que están interesados en los hechos y no en los detalles.

Por esto es que un hombre puede caminar en la casa y pasar junto a una hermosísima mesa que su esposa ha preparado y no decir nada al respecto. El hombre necesita ayuda para cambiar su objetivo del pensamiento lineal sobre sus metas y trabajo a la apreciación de los aspectos emocionales y sentimentales de la vida. Entonces, él puede notar y apreciar lo que su esposa ha hecho para él. El también necesita aprender a articular lo que aprecia y lo que siente. La mujer, por su parte, necesita entender que cuando el hombre camina junto a su mesa sin decir una sola palabra, esto no necesariamente significa que él está siendo desconsiderado. Esto significa que él está en un formato lineal de pensamiento, debido a que este es su programación natural.

¿Acaso los Hombres Realmente Tienen Emociones?

Contrario a lo que muchas mujeres creen, los hombres tienen emociones. Solo que ellos no siempre las expresan— esto se debe a que es más difícil para ellos o a que su pensamiento y no sus emociones, es lo que encabeza la lista de aquello en lo que están involucrados. Todo regresa otra vez al propósito. Dios diseñó al hombre con la capacidad de enfocarse en los hechos fríos y concretos de una situación. ¿Por qué? Se debe a que él fue creado primero, y en esa posición fue diseñado para dirigir. Un líder no puede basar sus decisiones en las emociones, especialmente en medio de una crisis.

Recuerda que estamos hablando acerca de tendencias generales. Esto no quiere decir que una mujer no puede dirigir. Sin embargo, cuando lo hace, frecuentemente, ella tiene que equilibrar sus emociones con los hechos a fin de hacer las mejores decisiones. Más aun, sus instintos le pueden ser muy útiles en esta capacidad.

He observado que la forma en que actúa un hombre cuando recibe información de una mujer puede hacer que ella se enoje. Supongamos que ella dice, "Ya llegó la fecha para pagar la hipoteca, y estamos atrasados en nuestros pagos". El dice, "No te preocupes. Yo me haré cargo de ello". Su esposa dice, ¡"Pero tú no entiendes lo que yo dije. No tenemos nada de dinero, y ellos van a venir a quitarnos todos nuestros muebles"! El contesta, "Yo sé. Te dije que yo me iba a hacer cargo de ello". La mujer le habla a su madre, a su prima y a su tía para decirles acerca de su situación, *Ella está sintiendo; él está pensando.* pero el hombre parece casi indiferente acerca de esto. La mujer podría interpretar su repuesta como si él quisiera decir que no le importa. Pero todo este tiempo, él ha estado pensando acerca de lo que va a hacer. Ella está sintiendo; él está pensando. El está formulando todo tipo de planes en su cabeza acerca de la manera en cómo poder obtener el dinero. Dado que la mujer es una sensora emocional, ella generalmente es guiada o motivada por sus emociones, aunque ella también piensa. Pero un hombre es guiado o motivado por su pensamiento, debido a sus responsabilidades como proveedor y a su liderazgo.

Hay ocasiones cuando la mujer no está sintiendo lo que el hombre está pensando, y cuando el hombre no está pensando en lo que la mujer está sintiendo. Cuando esto sucede, la falta de comunicación entre ellos causa su frustración del uno contra el otro. Los hombres necesitan decirles a las mujeres lo que ellos están pensando y sintiendo. Otra vez, cuando el hombre pasa por la hermosa mesa que fue preparada, él tiene que recordar de expresar sus sentimientos. Al mismo tiempo, la mujer no debería considerar la respuesta sin emociones de parte del hombre como si éste fuera irresponsable o desconsiderado.

Un Equilibrio Perfecto

El hombre generalmente basa sus pensamientos y sus acciones en lo que es lógico; él analiza todo de acuerdo a los hechos. Esto es tanto una cualidad fuerte como una debilidad, porque las emociones y las cosas interiores son muy importantes para que una persona pueda funcionar en el mundo. Por lo tanto, el hombre necesita alguien que pueda equilibrar la lógica de él con los sentimientos. De otra manera, él podría ir a través de la vida con una visión meramente lógica y fría. El necesita alguien que pueda mostrarle la parte emocional de la vida, y quien pueda recordarle su necesidad de ser sensible con otras personas. Yo aprecio el diseño de Dios. El diseñó las cosas de tal manera que las mujeres y los hombres se necesitan los unos a los otros.

La mujer fue creada para ayudar al hombre, porque en todo aquello que al hombre le falta, la mujer lo tiene. El sentimiento emocional de la mujer va a equilibrar el pensamiento lógico del hombre. Muchas mujeres no entienden lo importante que ellas son para el hombre de su vida. Lo que al hombre-varón le falta, la hombre-mujer lo posee. Y lo opuesto también es cierto. Este principio está basado en el propósito de Dios. Cualquier cosa que Dios sacó de Adán para formar a Eva, es lo que el hombre necesita para estar completo. Hay cualidades en la mujer que Dios tomó del hombre de la creación que el hombre necesita.

El Discernimiento y la Percepción de las Mujeres

Hay un ejemplo interesante de esta verdad en el incidente cuando Pilato juzgó a Jesús. Pilato estaba cumpliendo su trabajo, que era la administración de la autoridad romana sobre los judíos. Cuando los sumos sacerdotes trajeron a Jesús delante de Pilato, y lo acusaron de ser un rebelde insurrecto, la primera inclinación de Pilato fue tratar de gobernar dentro del marco de la ley. El no vio ninguna base para sus acusaciones y quería soltar a Jesús. En medio de la discusión, la esposa de Pilato le mandó una advertencia. *"Y estando él sentado en el tribunal, su mujer le mandó aviso, diciendo: No tengas nada que ver con ese justo, porque hoy he sufrido mucho en sueños por causa de El"* (Mateo 27:19). De hecho, ella estaba diciendo, "Yo tengo un presentimiento acerca de este Hombre. El no hizo nada malo. No lo toques". Ella estaba tratando de apelar a las sensibilidades de Pilato, advirtiéndole que él debía usar discreción y discernimiento cuando tomara su decisión. Pilato se puso nervioso, porque las cosas se

> Dios dio las mujeres a los hombres para que los hombres puedan tener equilibrio.

le estaban saliendo de las manos cuando los líderes religiosos organizaron una multitud desordenada para que demandara que Jesús fuera crucificado. El terminó siendo arrastrado por esta presión y ordenando la muerte de Jesús. El tal vez haya justificado su decisión por medio de decirse a sí mismo que esto era lo lógico: mantener el orden para Roma (y hacer las cosas más fáciles para él mismo). Debería tener mayor prioridad por encima de mantener la vida de un hombre inocente. Aunque Pilato sabía que Jesús no había hecho nada malo, él lo hizo crucificar. El hubiera hecho mucho mejor si hubiera escuchado a los instintos de su esposa. Los hombres necesitan aprender a ser abiertos a la comunicación que viene de sus esposas y de las otras mujeres en su vida.

Dios dio las mujeres a los hombres para que los hombres puedan tener equilibrio, y para que ellos puedan tener el beneficio de los sentimientos y de la sensibilidad de las mujeres. Es muy fácil para los hombres hacer una decisión, sin importarles lo que los demás piensen de ella o quien será afectado por ella. Esto es la razón por la cual es bueno para el hombre el tener la otra parte de él mismo que dice, "Lo que tú estás planeando hacer puede ser correcto, pero la forma cómo tú quieres hacerlo está mal. Tal vez tú deberías considerar esto..."

La historia de Abigail que se encuentra en 1a. Samuel 25 es un buen ejemplo de cómo el discernimiento de una mujer pudo advertir acerca del desastre a un hombre. Abigail combinó la inteligencia junto con su percepción interior para enfrentar una situación mortal. Su marido, que se llamaba Nabal, había rechazado la petición de alimentos que le hizo David, aun después de que David y sus hombres se habían portado muy honorablemente con Nabal, e incluso, habían protegido su propiedad. Nabal no estaba usando ninguna sabiduría, sino su propia lógica y su propio orgullo cuando él insultó a David. (Ver los versículos 10–11). David estaba enojado por la forma en que fue tratado e iba a destruir a Nabal y a los hombres que trabajaban para él. Abigail fue con David y apeló a su sentido de justicia y de rectitud, y a su compasión delante de Dios. El buen juicio de ella y su buena percepción interior evitó que David destruyera a su marido junto con sus hombres.

Abigail también es un buen ejemplo de alguien que entiende la forma de comunicarse con otra persona, basándose en el conocimiento que se tiene de la otra persona. Ella supo lo que tenía que decirle a David para llamar su atención, tocar sus convicciones más profundas, y llegar a lo profundo de él.

La Cabeza de los Hombres Está por Encima de la Perspectiva del Corazón

La forma de pensar lógica de los hombres también puede proveer equilibrio a la forma sentimental y emocional de las mujeres. Hay ocasiones cuando tu corazón puede estar dirigiéndote en una dirección y tu cabeza te está dirigiendo en otra dirección. Algunas veces, para poder hacer la mejor decisión se requiere que tú tomes la decisión con tu cabeza. Si tú eres un líder que está en medio de una crisis, tú no cuentas con mucho tiempo para tener una experiencia emocional. Tú necesitas ser capaz de poder pensar. Nuestras emociones pueden hacer muy difícil para nosotros el poder pensar claramente.

Después de que los israelitas habían salido de Egipto y se estaban aproximando al Mar Rojo, Faraón los estaba persiguiendo con todo su ejército. Cuando los israelitas vieron a los egipcios que se acercaban a ellos por detrás, ellos se llenaron de pánico y acusaron a Moisés de estarlos llevando hacia su muerte. Pero Moisés ejercitó el liderazgo cuando él no los dejó permanecer en su pánico, sino que dijo, *"No temáis; estad firmes y ved la salvación que el Señor hará hoy por vosotros; porque los egipcios a quienes habéis visto hoy, no los volveréis a ver jamás. El Señor peleará por vosotros mientras vosotros os quedáis callados"* (Exodo 14:13–14).

"Mientras vosotros os quedáis callados". Moisés estaba diciendo, "En lugar dejar que tus emociones te controlen, en lugar de andar corriendo alrededor como pollos a los que se les ha cortado la cabeza, quédense quietos y callados, y confíen en el Señor". Después de que Moisés había puesto a todos bajo control, y todo en orden, entonces, él fue a hablar con el Señor. El hombre es de la manera como es, debido a que él tiene que ejercitar liderazgo.

Lo que la Mujer Dice Expresa la Forma Cómo Ella Siente

Lo que dice una mujer es la expresión de lo que siente, mientras que lo que dice un hombre es la expresión de lo que él piensa. La mujer tiene pensamientos, y el hombre tiene sentimientos. Sin embargo, va a ser más fácil que una mujer exprese lo que ella siente, y va a ser más fácil que un hombre exprese lo que él piensa. Ellos están comunicando dos niveles completamente diferentes de información.

Los Pensamientos Ocultos de la Mujer

Cuando una mujer se encuentra bajo tensión nerviosa, y quiere que alguien simpatice con ella, de tal manera que ella no se sienta sola en su problema, tal vez le diga algo a su esposo como esto, "Tus padres vienen a cenar mañana, la casa está hecha un desastre, no tenemos comestibles, los niños han estado muy latosos todo el día, ¡y yo no puedo hacerlo todo"! Su esposo, quien es un pensador, inmediatamente va a tratar de venir con una solución para su desesperada esposa. "Bueno, ¿qué tal si yo voy a comprar comestibles"? "No, yo tengo que hacer eso mañana, una vez que sepa lo que voy a cocinar". "Entonces, ¿por qué no te llevo a ti y a los niños a cenar fuera para que no tengas que preocuparte de la cena de hoy"? "No, tal vez andemos fuera hasta muy tarde. Los niños necesitan bañarse, y, además, yo tengo que usar sobras de comida que han quedado en el refrigerador". "Bueno, entonces, déjame poner en orden las cosas". "No, yo necesito hacer eso, porque yo sé adónde poner cada cosa".

Para este momento, el hombre está totalmente exasperado, porque él está tratando de ayudar a su esposa, pero ella está rechazando todas sus sugerencias. El no se da cuenta de que lo que realmente necesita la mujer es que él la tome en sus brazos y le diga lo mucho que la aprecia. Aunque ella probablemente podría apreciar la ayuda de él, primeramente, ella necesita contacto emocional con él para que ella pueda ser estabilizada emocionalmente. Entonces, ella podrá ser capaz de atacar los otros problemas y ya no serán tan gigantescos como parecen. Lo que ella estaba *pensando* es que ella podría encargarse de las cosas si ella recibía un poco de amor y de afecto de su marido. Lo que ella estaba *expresando* eran sentimientos sobrecogedores de fatiga y de impotencia, los cuales, su marido interpretó como una necesidad de que él resolviera los problemas de ella por medio de tomar acciones.

> Lo que una mujer está pensando, frecuentemente es diferente de lo que está diciendo.

Una mujer no siempre le dice al hombre lo que ella está pensando. Cuando ella comienza a ponerse emocional, él necesita ser paciente, y tratar de trabajar a través de las emociones de ella para encontrar lo que ella está pensando. Algunas veces, él va a tener que escarbar muy hondo para encontrar lo que realmente está en la mente de ella, porque lo que una mujer está pensando, frecuentemente es diferente de lo que ella está diciendo.

Este proceso puede tomar paciencia de parte del hombre, porque él sólo quiere los hechos, y le gusta llegar rápido al fondo del asunto. Una mujer está pensando en una variedad de niveles, aunque, sin embargo, le lleva a ella mucho más tiempo procesar todos estos detalles y llegar a una conclusión. Por ejemplo, un hombre le pregunta a su esposa, "Cariño, ¿todavía estás tú planeando servir la cena a las seis de la tarde"? Ella titubea por un momento y entonces dice, "Todavía tengo que machacar las papas y hacer las salsa". "Oh", su esposo va a decir, "entonces, ¿a qué hora vamos a estar comiendo"? "Bueno, también necesito calentar las tortillas". "Ok", él dice, con una impaciencia que está creciendo, ¿"pero a qué hora vamos a comer"? "Depende a qué hora está listo el guisado", ella contesta, "y Susana dijo que ella no llegaría aquí sino hasta después de las 6:15". ¿"Vamos o no vamos a comer a las seis de la tarde"? él dice, rechinando los dientes. (Pausa). "No. Será a las seis y media". "Eso es todo lo que yo quería saber", él dice, exhaustamente, a medida que camina hacia fuera. El quería una respuesta de sí o no, pero ella estaba pensando en tantos niveles y primero tenía que trabajar a través de los múltiples detalles de la preparación de la comida y del reloj para poder ver si ella podría servir la cena a las seis de la tarde.

Los Sentimientos Escondidos del Hombre

La mayor parte del tiempo, cuando un hombre le habla a una mujer, él no le dice a ella lo que él está sintiendo. El malentendido que esto causa es lo que contribuye a los problemas en las relaciones. Por ejemplo, yo he aconsejado a muchas parejas en donde la mujer no entiende la naturaleza del hombre. "A él no le importo. El no me dice que me ama. El es indiferente". En su experiencia, esta explicación parece verdadera. Pero todo este tiempo el hombre realmente siente, y siente de manera muy profunda. Noten que yo dije, "siente". El siente profundamente por ella. El problema es que él no dice lo que él está sintiendo; él dice lo que está pensando.

Noten la diferencia: en su corazón, él siente un gran amor por ella, pero en su mente, este amor no siempre se traduce en palabras específicas que él puede compartir con ella. Son hechos y figuras lo que viene a su mente. El puede estar sintiendo amor y disfrutando la compañía de su esposa, pero lo que viene a su mente, cuando él se comunica con ella tal vez va a ser el último reporte de negocios o las últimas noticias. Esta es la razón por la cual una mujer se vuelve incrédula cuando ella comparte un momento romántico con un hombre, y de repente, el hombre comienza a hablar acerca de la necesidad que tiene de balancear su chequera.

¿Recuerdas tú la historia de la mujer que le preguntó a su marido, ¿"Todavía me amas"? y que él le respondió, "Te lo dije desde el día que nos casamos, ¡y todavía vale hasta el día de hoy! Te haré saber si algún día cambio de parecer". La respuesta de él suena horrible. El no tenía que decir esto. Sin embargo, lo que él básicamente está diciendo es que él no comparte sus sentimientos muy fácilmente y que había sido muy difícil para él expresarlos en primer lugar.

Los hombres tienen que comenzar a aprender a comunicar sus sentimientos a las mujeres. La Palabra de Dios dice que los hombres deben tratar a las mujeres con consideración. *"Y vosotros, maridos, igualmente, convivid de manera comprensiva con vuestras mujeres, como con un vaso más frágil, puesto que es mujer, dándole honor"* (1a. Pedro 3:7). Los hombres necesitan tratar a sus esposas con sensibilidad, basados en el conocimiento de lo que sus esposas necesitan, de tal manera que continuamente puedan estar supliendo estas necesidades. Yo he visto que

Cuando Jane contenta, Tarzán contento.

es cierto que mientras más felices son las mujeres, los hombres serán más felices. Como dijo un ilustre varón, "Cuando Jane contenta, Tarzán contento".

Puede ser difícil para que las mujeres entiendan lo duro que es para los hombres expresar sus sentimientos. Pero es muy importante que la mujer no llegue a ningunas conclusiones con relación a las motivaciones del hombre hasta que ella no descubra lo que él está sintiendo. Hay muchos hombres que están sintiendo emociones y que tienen mucha dificultad en expresarlas con palabras. Están lastimados; ellos se sienten tristes y débiles interiormente. Ellos se sienten como perdedores. Ellos están deprimidos porque no han recibido un aumento en su trabajo en los últimos diez años y porque sienten que nada está sucediendo en su trabajo. Ellos sienten como si les hubieran fallado a sus esposas. Ellos se sienten mal, pero es muy difícil para ellos venir con las palabras a expresar sus sentimientos. La mujer necesita aprender a crear un medio ambiente que le permita al hombre decirle a ella lo que él está sintiendo. Cuando ella trabaja a través del pensamiento de él, ella va a encontrar lo que él está sintiendo, y ella va a descubrir que lo que él está sintiendo muy frecuentemente es diferente de lo que él ha estado diciendo.

Si las mujeres y los hombres no son cuidadosos, van a llegar a conclusiones acerca de las motivaciones de unos y otros sin conocer lo que la mujer realmente está pensando o lo que el hombre realmente está sintiendo. Esto ha hecho que mucha gente piense que su matrimonio o su relación no está funcionando. Después de un tiempo, ellos dicen, ¡"Olvídalo"!, y se apartan de esa relación. Más tarde, ellos se encuentran con alguien más y se casan, esperando que las cosas van a ser diferentes en esta ocasión. Sin embargo, ellos encuentran los mismos problemas que tuvieron en las relaciones anteriores. Ellos piensan que el problema tiene que ver con la otra persona, siendo que el problema frecuentemente tiene que ver con la comunicación. Este ciclo va a continuar hasta que ellos entiendan y aprendan a trabajar en las diferencias que existan entre los hombres y las mujeres, y las razones de que cada uno es único, y la forma en que Dios ha hecho a ambos preciosamente complementarios uno del otro.

Lo que la Mujer Escucha Es una Experiencia Emocional para Ella

Adicionalmente al hecho de tener diferentes estilos de comunicación con relación a lo que hablan, los hombres y las mujeres también tienen estilos diferentes en la forma en que escuchan lo que se les dice. Lo que una mujer escucha es recibido por ella como toda una experiencia emocional, mientras que lo que escucha un hombre es recibido por él como mera información. Tienen dos maneras completamente diferentes de procesar el lenguaje que se les habla.

Un hombre no tiene una experiencia emocional con aquello que escucha. Por esto es que es muy importante para el hombre que entienda a la mujer. La mujer recibe el lenguaje en una manera emocional, porque ella está diseñada para absorber el mundo que la rodea y para impregnarlo de su personalidad. Ella fue diseñada para tomarlo todo e incubarlo. ¿Recuerdas el ejemplo que dimos en un capítulo anterior donde dijimos que si tú le dices a una mujer, "Tú eres fea", y si le dices la misma cosa a un hombre, tú vas a obtener una respuesta diferente de cada uno? El hombre probablemente te va a mirar y a decirte, "Tú también estás feo". Sin embargo, la mujer nunca va a olvidarlo por toda la vida, y tal vez hasta considere la posibilidad de contratar a alguien para que te mate.

Antes de que un hombre le hable a una mujer, él necesita pensar en lo que va a decir, y en la forma cómo lo va a decir. Debido a que la mujer lo recibe todo en una forma de experiencia emocional, es muy importante que un hombre sea sensible con relación a sus sentimientos. El necesita considerar sus palabras en lugar de sólo decir cualquier cosa que salga de su mente. El tal vez le diga a su esposa, "Ese vestido te está comenzando a quedar un poco apretado". Por varias semanas, ella va a estar callada; ella no le va a hablar a él. Entonces, un día, sus sentimientos reprimidos van a alcanzar el punto de ebullición, de tal manera que ella los tiene que sacar. Ella va a llamar a una amiga a las seis de la mañana, llorando acerca de lo que su esposo le dijo a ella. Su esposo la va a oír llorar, y va a venir a preguntarle, ¿"Qué pasa, Cariño"? "Primero tú me dijiste que estoy gorda, ¡y ahora tú me preguntas qué es lo que pasa"! "Yo no dije que tú estabas gorda". "Sí, tú lo hiciste".

Lo que un hombre le dice a una mujer va a ser absorbido por todo su ser. Si él le dice a ella, "El arroz estaba un poco salado hoy", en cuanto a él concierne, sólo está dándole a ella un poco de información. Estaba salado. Pero ella puede escuchar todo tipo de cosas en esta declaración: Él le acaba de decir que ella no sabe cocinar, que el arroz de su madre es mucho mejor, y que él no la aprecia. Cuando ella se pone a pensar acerca de esto más tarde, ella comienza a preguntarse si acaso él anda con alguien más que sabe cocinar mejor que ella. La idea crece dentro de ella: él tomó el almuerzo con alguien de la oficina, él quiere dejarla, y ¡esa es la razón de que a él ya no le guste la comida de ella nunca más! Se vuelve algo muy personal. Tres semanas más tarde, ellos están en un restaurante y el hombre dice, "Vaya, *este arroz está muy bueno*". El se sorprende todito cuando ella le contesta, "Tú no pensabas que mi arroz era bueno hace tres semanas, ¿o sí? Yo me voy de aquí. Yo no voy a comer contigo nunca más". Y ellos tienen un gran pleito—¿por causa de qué? Las diferencias en la comunicación. El piensa que es solo información; ella siente que es algo muy personal.

> El piensa que es solo información; ella siente que es algo muy personal.

La Forma como el Hombre Escucha el Lenguaje

Por el otro lado, la mujer necesita darse cuenta que cuando ella le habla a un hombre, él escucha todo solo como información. El siempre funciona basado en información, porque él es un pensador lógico. Cuando ella quiere hablarle a un hombre, ella tiene que aprender a decirle lo que ella piensa, y no lo que ella siente. Algunas veces la mujer se enoja por algo que el hombre ha hecho, y comienza a llorar. Nuevamente, la mujer necesita dar rienda suelta a sus emociones y frecuentemente ella las expresa por medio de lágrimas. Sin embargo, el hombre dice, "Yo me voy de aquí. Voy a volver cuando te hayas calmado y que podamos hablar". Para una mujer, él está siendo frío. Lo que él está diciendo realmente es, "Yo estoy buscando información, y no estoy recibiendo nada. No hay razón alguna por qué yo me quede aquí". Así que, él se va por un rato, y después regresa y pregunta, ¿"Estás lista para platicar ahora"? El no entiende que la mujer ha estado tratando de comunicarle algo *por medio* de sus emociones.

Debido a que la respuesta de él está relacionada a su diseño como hombre, la mujer necesita trabajar con el equipo tal y como fue hecho originalmente. Ella puede sentarse y decir, "Cariño, tengo algo que decirte. Yo no aprecié—y de hecho me hizo sentir devalorada por ti—cuando tú no abriste la puerta para mí enfrente de nuestros amigos. Yo sé que no lo hiciste intencionalmente, pero es importante que los demás sepan que tú me respetas. Yo te amo mucho y quiero ser tan digna como sea posible para poder hacerte sentir a ti como el más orgulloso".

> La mujer llora, pero el hombre no puede "sentir" las lágrimas de ella.

Un hombre quiere la información de la mujer; él no quiere sus lágrimas, porque él no sabe cómo responder ante ellas. Este es un serio punto de diferencia y de conflicto entre los hombres y las mujeres. La mujer llora, pero el hombre no puede "sentir" las lágrimas de ella. El se siente mal de que ella está llorando, pero él quiere saber lo que él puede hacer para arreglar las cosas. El quiere información.

La Mujer Está Interesada en los Detalles

Otro punto de diferencia entre las mujeres y los hombres es que, generalmente, las mujeres están interesadas en los detalles y en las cosas muy particulares, mientras que normalmente los hombres están interesados en lo que es abstracto—los principios o la filosofía que se relaciona con algo. De forma similar, cuando viene a la memoria, las mujeres tienden a recordar los detalles, y los hombres tienden a recordar la esencia del asunto.

Esto es por qué, después de haber ido a una boda, por ejemplo, una mujer puede hablar en el teléfono con una amiga por horas, discutiendo todos los detalles del evento, tales como las flores, la música, el vestido que usó la novia, y el tipo de comida que fue servida en la recepción. Cuando le preguntan a un hombre, ¿"Cómo estuvo la boda"? va a tener la mirada en blanco, y simplemente va a decir, "Pues, se casaron".

La Mujer Siempre Recuerda

Un aspecto final de las diferencias entre los estilos de comunicación de las mujeres y de los hombres, es que las mujeres usualmente no olvidan las cosas, mientras que los hombres, generalmente, tienen que ser recordados una y otra vez.

Otra vez aquí, donde no se conoce el propósito, la gente comienza a volverse sospechosa de los motivos de los demás. La mujer tal vez recuerde una equivocación pasada que ella vivió, y el hombre bien puede pensar, ¿"Qué le pasa a ella? Yo hice eso hace cinco años, y ahora ella lo tiene que traer a la mesa otra vez. Yo le dije lo mucho que lo sentía. Le pedí que me perdonara. Esto *sucedió hace cinco años. ¿Por* qué es que ella no puede olvidarlo"? El está enojado por la inclinación general de ella de no olvidar las cosas. Pero esa es la manera como ella ha sido formada; ella ha sido diseñada para no olvidar.

Ahora, un hombre puede recordar hechos concernientes a su negocio, pero, frecuentemente, él no va a recordar fechas, ni horarios, ni eventos. Por ejemplo, una mujer puede estar muy bien vestida para salir una noche y llama a su marido, quien está en otra habitación. ¿"Recuerdas que vamos a ir a la fiesta de cumpleaños de tu hermana esta noche, o no"? El hombre se había olvidado por completo. El lleva puesta la ropa más vieja que tiene y tiene en la mano un plato lleno de palomitas de maíz; y está listo para ver el gran juego de pelota. Ella entra en la habitación y dice, ¿"Qué estás haciendo"? "Yo quería ver el juego. ¿Acaso tú tienes que salir a algún lado"? ¡"Te he recordado tres veces acerca de esta fiesta! ¿Por qué no puedes recordar nada"?

La mayoría de los hombres no saben las razones por qué las mujeres recuerdan las cosas, y la mayoría de las mujeres no pueden entender el porqué los hombres no recuerdan las cosas. Tiene que ver con su propósito y con su diseño. Los hombres tienden a pensar acerca de los objetivos y del fondo de los asuntos, mientras que las mujeres tienden a recordar los detalles. Estas diferencias son complementarias. Sin embargo, pueden ser la fuente o la causa de serios problemas en las relaciones, porque, cuando tú no entiendes el propósito de algo, tú te puedes volver suspicaz al respecto. Tú puedes comenzar a sospechar que la persona con quien estás tratando tiene otros motivos.

Permitan que Reine la Paz de Jesucristo

Me gustaría cerrar este capítulo recordando que todos estamos en el proceso de aprendizaje para ser como Cristo Jesús, de aprendizaje acerca de cómo llegar a ser lo que originalmente Dios intentó que fuéramos cuando El nos creó hombres y mujeres. Mientras que estamos todavía en este proceso de aprendizaje, es muy importante que todos nosotros seamos pacientes, bondadosos, y considerados con las fallas de unos y de otros, así como con los diferentes estilos de comunicación.

> *Entonces, como escogidos de Dios, santos y amados, revestíos de tierna compasión, bondad, humildad, mansedumbre y paciencia; soportándoos unos a otros, y perdonándoos unos a otros, si alguno tiene queja contra otro; como Cristo os perdonó, así también hacedlo vosotros. Y sobre todas estas cosas, vestíos de amor, que es el vínculo de la unidad. Y que la paz de Cristo reine en vuestros corazones, a la cual en verdad fuisteis llamados en un solo cuerpo; y sed agradecidos.*
> (Colosenses 3:12–15)

El poder entender que Dios diseñó a los hombres y a las mujeres con diferentes estilos de comunicación nos va a ayudar grandemente a soportarnos los unos a los otros en amor.

Yo trato de no permitir que las acciones de otros causen una reacción en mí, porque estoy consciente de las motivaciones de la gente y de los estilos de comunicación. En lugar de una *reacción*, yo les doy una *respuesta*. Reaccionar es tomar algún tipo de acción en contra de alguien antes de pensar. Responder es actuar responsablemente en tus tratos con otros, debido a que tú entiendes sus motivaciones y circunstancias. Una persona que reacciona, hace lo que es irresponsable por medio de enojarse o resentirse por el comportamiento de otro. Pero una persona que responde, toma responsabilidad por medio de tratar de entender a la otra persona, y por medio de *"hablar la verdad en amor"* (Efesios 4:15).

> En lugar de una reacción, da una respuesta.

Jesús entendió a la gente profundamente, y El también supo quién era El. El entender la naturaleza de otros—y entenderse a uno mismo—es crucial para mantener relaciones correctas y para no caer presa del egoísmo, del orgullo, del resentimiento, o de la amargura, todo lo cual siembra semillas de conflicto con los demás.

Como hombres y mujeres redimidos, estamos llamados a buscar la paz los unos con los otros. Lo que Pablo escribió acerca de la reconciliación que Cristo nos trajo, se puede aplicar a las relaciones hombre-mujer: *"Porque El mismo es nuestra paz, quien de ambos pueblos hizo uno, derribando la pared intermedia de separación"* (Efesios 2:14).

Principios

1. Dios hizo a las mujeres y a los hombres diferentes en la manera en que ellos piensan, actúan y responden.

2. La mujer es un sensor emocional.

3. El hombre es un pensador lógico.

4. Los estilos diferentes de comunicación de las mujeres y de los hombres fueron hechos para ser complementarios.

5. La mujer no necesita disculparse por sus emociones, porque Dios la diseñó para sentir.

6. Cuando las mujeres y los hombres entienden las diferencias de sus estilos de comunicación, ellos pueden aprender cómo usar sus diferencias para el mejoramiento de ambos.

7. Lo que una mujer habla es la expresión de lo que ella siente. Lo que un hombre habla es la expresión de lo que él piensa.

8. La mujer recibe todo lo que escucha como una experiencia emocional. El hombre recibe todo lo que escucha como mera información.

9. Las mujeres están interesadas en los detalles concretos, mientras que los hombres están interesados en las ideas abstractas. De forma similar, cuando viene a la memoria, las mujeres tienden a recordar los detalles, y los hombres tienden a recordar la esencia del asunto.

10. Las mujeres no olvidan, pero los hombres tienen que ser recordados una y otra vez.

11. Colosenses 3:12–15 nos nuestra cómo soportar los diferentes estilos de comunicación de unos y de otros.

❧❀Diez ❀❧
Entendiendo las Necesidades Emocionales y la Sexualidad de la Mujer

¿Sabías tú que la mujer tiene el doble de terminaciones nerviosas en su piel más que el hombre? Debido a que sus nervios son más numerosos, también son más susceptibles de ser "estresados". Su piel casi toda está conectada para recibir los toques amorosos del esposo, llenos de afecto, para aliviar los nerviosos frágiles de ella y calmar sus emociones.

Este hecho fisiológico remarca el tema de este capítulo: las necesidades emocionales y sexuales de la mujer son diferentes de las del hombre por el diseño. Yo quiero que la idea del propósito y del diseño de Dios impregne tu pensamiento acerca de la relación entre hombres y mujeres, porque es un principio tan fundamental, que tiene tantas aplicaciones, y que es crucial para entender las diferencias entre ellos.

A continuación, hay varias diferencias mayores que existen entre los hombres y las mujeres:

- Las mujeres tienden a tomar las cosas en el corazón; los hombres tienden a tomar las cosas de forma muy impersonal.

- En cuanto a las cosas materiales, las mujeres tienden a ver los objetivos; los hombres quieren saber cómo llegar ahí.
- En cuanto a las cosas intangibles o espirituales, todo lo opuesto es verdadero. Los hombres ven a los objetivos; las mujeres quieren saber cómo llegar ahí.
- Las mujeres son como las computadoras; sus mentes se mantienen procesando en el fondo hasta que el problema se resuelve. Los hombres son como muebles para archivar. Ellos toman los problemas, los meten en un folder y cierran el cajón.
- El hogar de una mujer es una extensión de su personalidad; el trabajo de un hombre es una extensión de su personalidad.
- Las mujeres tienen una gran necesidad de seguridad y de tener buenas raíces; los hombres pueden ser unos nómadas.
- Las mujeres tienen la tendencia a sentirse culpables; los hombres tienen la tendencia a resentirse.
- Las mujeres están cambiando constantemente; los hombres llegan a un nivel de estabilidad y se mantienen ahí.
- Las mujeres tienden a involucrarse con las cosas más fácilmente y más rápidamente; los hombres tienden a detenerse y a evaluar.

Considerando estas diferencias, en adición a las otras que hemos discutido a través de este libro, ¡no deberíamos preguntarnos por qué los hombres y las mujeres tienen malos entendidos y conflictos en sus relaciones!

¿Recuerdas uno de nuestros principios principales? El propósito determina el diseño (o la naturaleza), y el diseño determina las necesidades. Las diferencias de arriba están relacionadas a los diseños específicos de las mujeres y de los hombres. Sus diseños, a la vez, determinan las necesidades que cada uno tiene o necesita suplir a fin de que estén completos, contentos y viviendo en los propósitos de la creación de Dios.

El problema es que mucha gente no está completamente consciente de sus propias necesidades, sin siquiera tocar las necesidades de otros. En los últimos veinte años, he estado aconsejando parejas y el más grande problema que he visto es que los esposos y las esposas no saben que las necesidades de sus esposos son diferentes a las suyas propias.

Aun cuando la gente está consciente de sus necesidades, muy a menudo, ellos viven en frustración, porque sus necesidades no están siendo suplidas. Terminan demandando que otra persona los satisfaga, o ellos sufren en silencio sin esperar jamás poder vivir una vida plena.

En este capítulo, yo quiero remarcar tres necesidades principales de las mujeres y de los hombres que contribuyen a una relación satisfactoria y plena. Es muy importante que mantengamos estas necesidades centradas en nuestra mente a medida que interactuamos con nuestros esposos y con otros con quienes tenemos relación. A medida que vengamos a entendernos mejor a nosotros mismos y a los demás, y la forma en que podamos ayudar en las necesidades de otros, nuestro corazón será renovado y más de los propósitos de la creación de Dios serán restaurados a nuestra vida.

Los hombres y las mujeres deben entender que la plenitud sólo viene cuando ellos trabajan juntos para solucionar las necesidades de uno y de otro. En esta tarea, el gran principio de Jesús, *"Más bienaventurado es dar que recibir,"* (Hechos 20:35) es vital. A medida que tú das, supliendo las necesidades de otros, tú serás bendecido, y muchas de tus propias necesidades serán suplidas a cambio. El darle a los demás por medio de suplir sus necesidades—en lugar de demandar el que nuestras propias necesidades sean satisfechas—te traerá una verdadera plenitud.

Algunas de estas ideas de este capítulo las hemos discutido ya en otros contextos, mientras que otras ideas son completamente nuevas. Debemos permitir que estos principios impregnen nuestro entendimiento a tal grado que se conviertan en parte de nuestra vida. Por favor, mantengan en mente que las necesidades que están siendo enlistadas como necesidades de la mujer, y las necesidades que están siendo enlistadas como necesidades del hombre, también son necesidades de ambos. Sin embargo, en este capítulo, van a ser discutidas bajo el contexto de las necesidades *primarias* de cada uno. Si podemos aprender y aplicar los siguientes principios, vamos a avanzar grandemente en la sanidad de vidas que han sido destruidas, promoviendo el entendimiento y desarrollando fuertes relaciones entre las mujeres y los hombres.

La Mujer Necesita Amor

La necesidad primaria del hombre-mujer es el amor. Hemos aprendido que la mujer fue *diseñada* para recibir amor. Esta verdad es tan central para las necesidades emocionales de la mujer que si esto fuera lo único que los hombres aprendieran y aplicaran, haría una gran diferencia en la vida de las mujeres—y por consecuencia, en la suya propia.

La mujer no sólo quiere amor, sino que ella verdaderamente lo necesita, debido a su diseño. Esta es la razón por la cual el hombre le puede dar una casa y regalos muy costosos y ella aun se va a sentir insatisfecha. El hombre va a decir, ¿"Qué anda mal contigo? No puedo hacer nada para agradarte. Te estoy dando todas estas cosas, y tú todavía te sientes infeliz". Ella va a contestar, "No es el abrigo de mink, ni esta casa, lo que realmente quiero. Yo te quiero a ti. Yo quiero que tú me digas qué tan importante, qué tan especial y cómo soy única para ti, y que yo soy todo aquello con lo que tú habías soñado. Yo quiero que tú me digas que me amas".

Tú no puedes sustituir al amor. Amar significa apreciar, cuidar y mostrar afecto. Apreciar una mujer no significa comprarle regalos costosos; significa llamarla varias veces al día y decirle que la amas.

Cuidar significa que te sales de tu comodidad para asegurarte que ella tiene todo lo que necesita. Significa dejar todo lo que estás haciendo para asegurarte que ella está bien. El amor no dice, "Estoy ocupado. Hablaré contigo más tarde". Cuidar es hacer que otra gente se espere mientras tú suples la necesidad de tu esposa.

Afecto es el medio ambiente en el cual se pueda hacer crecer un matrimonio maravilloso. La necesidad que la mujer tiene de afecto, puede ser suplido con muchos besos y abrazos. Un flujo continuo de palabras, tarjetas y flores; detalles comunes de cortesía; regalos significativos que muestren que el hombre está pensando en ella, que la estima, y que valora su presencia en su vida.

El hombre también puede suplir las necesidades que tiene la mujer de amor por medio de proveerle seguridad financiera. Esto va a ser que ella se sienta cuidada y protegida. Adicionalmente, cuando un hombre pasa tiempo con una mujer, la hace sentir amada, porque ella sabe que ocupa el primer lugar en su vida.

Equilibrando la provisión financiera y el tiempo de calidad con la esposa, frecuentemente crea el más grande reto para un hombre, porque el proveer para su esposa normalmente requiere que él esté lejos de ella mientras que se encuentra en su lugar de trabajo. Sin embargo, cuando un hombre pasa muchas horas de tiempo extra en su trabajo, tratando de "salir adelante", pero descuida a su esposa (y a su familia), ella no se va a sentir amada aunque ambos tengan millones de dólares en el banco.

Si una mujer es soltera, el hecho de recibir amor es su necesidad más grande. Ella también necesita la afirmación y el compañerismo de los hombres. Es la forma como ella fue diseñada. Los padres, tíos, hermanos y aun amigos varones pueden reconocer la necesidad de una mujer soltera y mostrarle amor a través de actos de bondad, de compañerismo, y de ayuda durante las dificultades de la vida.

El Hombre Necesita Respeto

Debido a que la primera necesidad de la mujer es el amor, ella a menudo piensa que la primera necesidad del hombre es el amor también. El necesita amor, pero él tiene una necesidad que es mucho más grande que esto.

Si una mujer le expresa amor a un hombre, sin llenar esta otra necesidad, él no va a responder en la manera en que ella espera que lo haga. El va a permanecer de alguna manera distante. Por ejemplo, una mujer se estará preguntando por qué su marido no parece satisfecho en la relación, siendo que ella ha estado tratando de ayudarlo muy amorosamente por medio de mantener la casa funcionando suavemente y por medio de proveer a sus necesidades materiales. La mujer incluso hasta le puede escribir notas amorosas a su esposo, y darle grandes cantidades de afecto. Pero aun así, ella nota que él no está feliz todavía. Ella se pregunta, "Qué más puedo hacer para este hombre"?

Tanto como una mujer necesita sentir que es amada, el hombre necesita saber que es respetado.

Pero un hombre siente estas cosas de la misma manera como una mujer siente la provisión del hombre para la casa. El está agradecido de que sus necesidades emocionales y materiales están siendo suplidas, y él aprecia los esfuerzos de su esposa. Sin embargo, estas cosas no tienen nada que ver con su necesidad principal.

Tanto como una mujer necesita *sentir* que es amada, el hombre necesita *saber* que es respetado. El hecho de ser respetado es la médula de su autoestima, y afecta todas las otras áreas de su vida. *"Cada uno de vosotros ame también a su mujer como a sí mismo, y que la mujer respete a su marido"* (Efesios 5:33).

La mujer puede suplir la necesidad del hombre de admiración y de respeto por medio de entender su valor y sus logros más que nadie. Ella necesita recordarle a él sus cualidades y ayudarlo a mantener la confianza en sí mismo. Ella debería de estar orgullosa de su marido, no por obligación, sino como una expresión de admiración sincera hacia el hombre que ella ha escogido para compartir su vida.

Paralelizando la situación de una mujer soltera, un hombre soltero necesita respeto de la misma manera que lo necesita un hombre casado. El necesita el respeto y la afirmación de las mujeres, porque él fue diseñado para necesitarlo. Las mujeres en la vida de un hombre soltero pueden suplir su necesidad por medio de reconocer su valor y sus logros como hombre, y por medio de animarlo en sus cualidades y en su vida de trabajo.

El esposo tiene que amar y apreciar a su esposa. La esposa tiene que respetar y honrar a su esposo. De esta manera, continuamente van a estar supliendo las necesidades el uno del otro.

¿Qué Hago Mientras Tanto?

Unos de los problemas que la mujer puede encarar es el hecho de que su esposo no sepa que él está supuesto a amarla en la forma como les acabo de describir. Este es un problema muy real. Aunque una mujer puede estar honrando y estimando a su marido, él tal vez no le esté mostrando amor a ella, porque realmente él no sabe cómo hacerlo. Ambos, tanto hombres como mujeres, necesitan entender y suplir las necesidades de los otros. Sin embargo, si la mujer entiende las necesidades de su esposo, pero su esposo no entiende las de ella, es importante que ella tenga paciencia. Ella necesita responder a su marido de acuerdo a lo que él conoce.

Si yo sé que una persona es muy ignorante, yo no me puedo enojar con él. Jesús es el modelo más alto para nosotros. El dijo, *"Padre, perdónalos, porque no saben lo que hacen"* (Lucas 23:34). La dificultad viene cuando tú sabes que la persona está consciente de lo que se supone debe estar haciendo, pero aun así, no lo hace. En este caso, se necesita algún tipo de regaño. Dependiendo en la situación, la mujer puede apelar directamente a su marido; o ella puede apelar al pastor, o a un amigo cristiano en quien puede confiar, o a un miembro de la familia para que hable con su esposo de parte de ella. Pero el mejor medio de apelar por su esposo es orar por él y permitir que el Señor lo cambie.

Sin embargo, tú no puedes regañar a una persona ignorante. Tú puedes regañar a una persona que tiene el conocimiento, pero tú necesitas pasar por alto las faltas de una persona que es ignorante. Esto va a evitar que la amargura invada tu corazón. Evita echarle la culpa a la otra persona y vive de manera responsable delante de Dios, y asegúrate que tú cumples con tus propias responsabilidades para con tu esposo. Confía en Dios que El le va a enseñar a tu esposo o a tu esposa cómo suplir tus necesidades.

La Mujer Necesita Conversación

Además del amor, la mujer necesita conversación. Ella disfruta hablando con otros. Esto suena tan simple, pero es una necesidad real que está basada en su naturaleza. La mujer necesita tener un hombre que platique con ella. Quiero que noten que dije *con ella* y no dije que le platique *a ella*. Debido a que los hombres tienen una estructura mental de liderazgo, algunas veces sus conversaciones con sus esposas son en forma de instrucciones en lugar de ser un diálogo de tomar y dar.

El hombre siempre debería hacer un esfuerzo para poder conversar con la mujer. Los regalos costosos no significan nada para una mujer si el hombre sólo los deja con ella y entonces se va. Ella preferiría tener la conversación.

El hombre puede llenar la necesidad que la mujer tiene de conversación íntima por medio de hacer un esfuerzo continuamente para comunicarse con ella. Para suplir verdaderamente la necesidad de ella, él debería hablar con ella en el nivel de *sentimientos* y no solo en el nivel de conocimiento y de información. Ella necesita que él la escuche a ella con todo y sus actitudes acerca de los sucesos del día, con toda sensibilidad, interés y preocupación. Todas sus conversaciones de él con ella deberían llevar un deseo de entenderla, pero no de cambiarla. Esto significa que él no debería de tratar inmediatamente de resolver los problemas de ella. El necesita resistir el impulso de ofrecer soluciones y, en lugar de ello, debe ofrecer toda su atención y entendimiento.

El hombre debería mostrar el deseo de entender a su esposa y no sólo cambiarla.

Después de haberle dado a ella bastante tiempo para expresar lo que ella siente, él debería de conducir su parte de la conversación con cortesía y con una mente abierta, viéndola a ella en los ojos y diciéndole lo que él realmente piensa y siente. El debería compartir sus planes y acciones de forma muy clara y completa, debido a que él se considera en responsabilidad hacia ella y le pide su opinión. Esto va a permitir que ella confíe en él y se siente segura.

Algunos hombres dicen, ¿"Qué es lo que voy a hablar con mi esposa"? Ellos no se dan cuenta de que la mujer tiene la necesidad de expresarse y, por lo tanto, tiene mucho dentro de ella que quiere compartir. Un hombre puede decir simplemente, ¿"Qué tienes en tu mente"? y ella normalmente, no va a tener ningún problema en llevar la conversación. Todo lo que él tiene que decir en respuesta es, "Oh. Oh, ya veo". Sin embargo, ¡él tiene que estar seguro que realmente está escuchando!

La mujer puede crear oportunidades para conversar con su esposo por medio de desarrollar interés en su trabajo, en sus actividades, en sus hobbies, tales como los deportes, la música o las computadoras. Tanto como la mujer necesita la conversación, el hombre necesita compartir sus intereses con ella. Estas necesidades relacionadas son un puente natural de comunicación entre ellos.

Por ejemplo, si él está en medio de ver el juego de pelota, no sería muy edificante decir, "Apaga esa cosa; ya me tiene cansada todo esto". Eso no va a crear una atmósfera para conversación, sino que va a crear una gran tensión. En lugar de eso, ella puede entrar a la habitación y decir, con genuino interés, "Cariño, acaban de tomar la pelota, y ahora la van a patear otra vez. ¿Para qué están haciendo eso"? El hombre va a comenzar a hablar de inmediato, porque le gusta discutir y platicar acerca de sus intereses y de sus negocios.

Aquí hay otra ilustración. Si la mujer entra a la habitación donde el hombre está viendo jugar a su equipo favorito y le dice, "Quiero hablar contigo", él probablemente le va a contestar, "Espera a que terminen esta jugada". Cuando ella regresa después de unos minutos y dice, "Te dije que quiero hablar contigo", él le va a contestar, "Después de esta jugada". Esto va a continuar durante todo el juego. En lugar de hacer eso, la mujer puede decir, "Cariño, me gustaría hablar contigo, pero primero vamos a ver este juego de pelota juntos. Quiero que me digas todo acerca de este juego de pelota". Ahora la mujer realmente ha tenido éxito, porque el hombre está haciendo lo que le gusta, pero ella ha logrado que él también platique del tema con ella. Después del juego, es posible que ella va a tener toda la atención de él para el asunto que ella quería platicar con él.

Así que, si las mujeres se pueden involucrar en los deportes de los hombres o en cualquier otra actividad que les interese, ellas pueden desarrollar una atmósfera ideal para la conversación. Muchas mujeres se sorprenderían verdaderamente de lo que sucedería si ellas aprendieran a interesarse en aquello en lo que sus maridos están interesados.

El Hombre Tiene la Necesidad de Compañía Recreativa

Mientras que la mujer tiene la necesidad de la conversación, el hombre tiene la necesidad de tener compañía en actividades recreativas. Noten que ambas de estas necesidades tiene que ver con compartir la compañía del otro. Por esto es que, cuando la mujer participa en los intereses de las actividades recreativas del hombre, él comenzará a conversar con ella. Ella está compartiendo una de sus necesidades básicas con él, y él lo va a apreciar.

Yo deseo que pudiera plantar en la mente de las mujeres lo importante que es la necesidad que los hombres tienen de tener compañía para actividades recreativas. Esto tiene que ver con la forma cómo él fue diseñado. Debido a que el hombre fue creado primero y tiene una naturaleza de liderazgo, parece que él tiene una necesidad interna de proteger "su dominio" o "su territorio" de las amenazas del mundo exterior. El es un protector. Por esto es que el hombre necesita sentirse como que siempre está

> Nada bendice más a un hombre que cuando la mujer se involucra en sus actividades recreativas.

ganando en la vida. (Mujeres, ustedes ya han notado esta cualidad). Esta necesidad se traduce en un deseo de ganar la competencia en los deportes o de poder dominar cierta área particular de interés o de cierta especialidad. Es esta naturaleza territorial la que lo lleva a tener la necesidad de compañerismo en sus actividades recreativas. El necesita involucrarse en actividades que lo reten, y aunque le gusta ganar, a él también le gusta compartir estas experiencias con otros.

No hay nada que bendiga más a un hombre que cuando la mujer se involucra en sus actividades recreativas. No puedo enfatizar suficientemente qué tan importante es esto. Tal y como lo mencioné en la ultima sección acerca de las necesidades de la mujer de tener conversación, si la mujer participa en cualquier cosa que le guste al hombre—jugar tenis, visitar lugares históricos, tocar un instrumento, o diseñar programas de computación, por ejemplo—y le permite a él que le diga todo acerca de eso, ella va a poder fortalecer su relación con él. El se va a sentir muy bien cuando ella se involucre con él en sus actividades recreativas.

Yo he visto hombres que escogen a otras mujeres que participan en las actividades recreativas, porque ellos necesitan el compañerismo. Una esposa puede evitar que esto suceda si se involucra en las cosas que le interesen al marido. Si el hombre se siente realizado a través de tocar música, ella debería familiarizarse con esa música. Cualquier cosa que él considere como competencia, o cualquier cosa en la que él se ha involucrado, y que lo hace sentir a él como que está construyendo su propio medio ambiente, en eso, ella tiene que llegar a participar también.

Yo he escuchado a las mujeres decir cosas acerca de sus esposos como, "Ese viejo tonto; él siempre está en el campo de pelota jugando béisbol. Yo quisiera que él dejara de hacer eso y viniera a casa a ser un esposo". Esta actitud no va a ayudar a la situación. El tiene una necesidad que está siendo suplida allá afuera en el campo de pelota. ¿Por qué un hombre dedicaría horas a algo a menos que él tenga una necesidad que está siendo suplida a través de eso? En lugar de pelear en contra de aquello que le trae plenitud al hombre, la mujer debería encontrar el porqué es tan importante para él. Entonces, si es posible, ella debería participar en ello para que los dos pudieran experimentarlo juntos, y por lo tanto, edificar su entendimiento, compañerismo, e intimidad en su relación.

La Mujer Necesita Afecto

En tercer lugar, la mujer necesita afecto. Esta necesidad es parte de quién ella es. Una mujer no sólo quiere afecto—¡ella lo necesita!

Mientras que una de sus necesidades principales es el afecto, una de las necesidades principales del varón es el sexo. Si estas dos necesidades que están relacionadas una con la otra, no están siendo entendidas y equilibradas, ellas pueden causar uno de los peores conflictos en el matrimonio.

Lo que los hombres y las mujeres necesitan entender es que *el afecto crea la atmósfera para la unión sexual* en el matrimonio, mientras que *el sexo es el acto*. Muchos hombres no se dan cuenta de esto y por ello es que van de inmediato detrás del acto. Ellos no saben lo que significa un medio ambiente de afecto. Ellos se enfocan sólo en su necesidad. Los hombres necesitan sexo, pero las mujeres necesitan afecto, y ellas necesitan que este afecto preceda a la intimidad sexual.

Estas diferencias, nuevamente, tienen que ver con las naturalezas distintas de los hombres y de las mujeres. El hombre fue diseñado para ser la fuente de recursos y no sólo fue él la fuente "material" para la creación de la mujer, sino que también se le dieron los recursos para crear nueva vida a través de su semilla o esperma. El es el proveedor de la semilla, y por lo tanto, su inclinación natural es proveer este recurso. Esta es una de las razones por qué él se concentra en el acto del sexo.

La mujer, por el otro lado, es la que gesta la nueva vida. Su función es proveer un medio ambiente caliente y seguro, en el cual la vida pueda crecer y desarrollarse. Como una incubadora, el objetivo natural de la mujer está en las áreas emocionales, intuitivas, y sensoriales de la vida, y por esto es que ella tiene una necesidad correspondiente por el afecto. Ella necesita un medio ambiente de afecto para poder sentirse amada y satisfecha.

El problema es que el hombre no es afectivo en forma natural. Muchos hombres simplemente no entienden cómo dar afecto a sus esposas. ¿Cómo puede un hombre darle a una mujer lo que ella necesita cuando él siente que él no tiene lo que ella necesita?

El hombre puede aprender a ser afectivo. El puede llegar a conocer el propósito y el diseño de la mujer y entonces, suplir al necesidad de ella de afecto a medida que él se relaciona con este diseño.

Las Temporadas de la Mujer

Mientras que un hombre siempre está listo sexualmente, una mujer no siempre está lista para tener relaciones sexuales. Dios la diseñó a ella en un ciclo de cuatro temporadas o estaciones: verano, invierno, otoño y primavera. Tú siempre puedes saber cuando es verano. El sol está bien en alto—y muy caliente. Dios la hizo a ella de esta manera. Entonces viene el otoño. El otoño es cuando el clima se hace más frío y la mujer comienza a actuar un poco más reservada. Entonces viene el invierno, y el hombre siente como que ha sido abandonado afuera en el frío. Pero el invierno pasa y de repente llega la primavera, todo se hace más caliente, y todo es nuevo otra vez. El hombre necesita entender acerca de las temporadas o estaciones de la mujer. El tal vez está listo, pero para ella puede ser el invierno.

> Los hombres deben de ser considerados con su esposa en los asuntos sexuales.

Pablo escribió, *"Exhorta a los jóvenes a que sean prudentes"* (Tito 2:6), y, *"Los ancianos deben ser sobrios, dignos, prudentes"* (Tito 2:2). Pedro escribió, *"Y vosotros, maridos, igualmente, convivid de manera comprensiva con vuestras mujeres, como con un vaso más frágil, puesto que es mujer, dándole honor"* (1a. Pedro 3:7).

Los hombres deben de ser considerados y respetuosos con sus esposas en los asuntos sexuales. Ellos necesitan estar conscientes que el diseño de la mujer tiene que ver con su propósito. Ella ha sido diseñada para reproducir y, por lo tanto, su cuerpo tiene un ciclo reproductivo. Aunque el hombre es el que planta la semilla, él tiene que plantarla en la estación o en la temporada correcta para la mujer. Dios la diseñó a ella diferente del hombre, debido a su propósito de reproducir. El hombre necesita cooperar con este propósito para que las dos partes sean bendecidas.

Algunos hombres no tienen consideración alguna para sus esposas en este asunto. Ultimamente, he oído de muchos casos de violación matrimonial. Los hombres violando a sus esposas es un problema muy grande. Ellos piensan que su acta de matrimonio les da licencia para violar a sus esposas. Esto no es ser hombre; esto es ser un animal. Esto no es amor, es violación, sin importar si está en el contexto de su relación legal como marido y mujer. Esto está mal. El diseño de Dios es que el amor genuino debe estar presente en la cama matrimonial, donde existe sensibilidad, paciencia, cuidado y afecto.

Otro problema es que cuando un hombre ha suplido sus necesidades sexuales, frecuentemente, él cree que las necesidades de la mujer también han sido suplidas. Y esto no necesariamente es el caso. Solo porque el hombre está satisfecho, no significa que la mujer también lo está, dado que las necesidades de la mujer son diferentes de las del hombre. Ella experimenta la unión sexual diferente de lo que él lo hace. Es la responsabilidad del hombre suplir las necesidades de la mujer por medio de crear un medio ambiente de afecto en el cual ella pueda ser satisfecha. Si él crea este medio ambiente, entonces, muy a menudo, él va a tener sus propias necesidades sexuales satisfechas.

¿Qué es afecto? El darle afecto a una mujer significa estar apelando a aquello que la hace un ser emocional. Hemos discutido algo de lo que un hombre puede hacer para expresarle afecto a su esposa en la sección donde vimos la necesidad de la mujer de tener amor. Traerle flores, llamarla por teléfono todos los días, mandarle pequeñas tarjetas aunque no haya motivo para la "ocasión", tocarla, ir de compras con ella, y tomarla de la mano mientras que caminen en la calle, son todas expresiones de afecto. El hombre puede pensar que es tonto tomar de la mano su esposa mientras que caminan en el centro comercial, pero ella va a pensar que es maravilloso. El compañerismo que ellos compartan, va a crear una atmósfera de afecto.

Algunas mujeres piensan, "Yo deseo que él fuera de compras conmigo solo una vez y que empujara el carrito del supermercado en la tienda". Muchos hombres responderían a esto, ¿"Yo, empujando un carrito de supermercado? Ella es la que hace las compras". Pero la mujer necesita que el hombre diga, "Vamos a hacer la compra juntos. Podemos hacerlo más rápido de esta manera, y entonces tendremos tiempo para ir a pasear". Esto es afecto. Cuando él entra en la cocina y la ayuda a cocinar, esto es afecto. Cuando él dice, "Cariño, voy a cortar las cebollas. Deje que mis ojos lloren esta vez", esto es afecto. ¿"Dónde está mi cena"? no es afecto.

El mostrar afecto es expresar el amor de uno constantemente en pequeños detalles. Muchos hombres no saben cómo hacer esto, porque no tuvieron padres que hayan mostrado afecto a sus mamás. Esperemos, que sus hijos sean mejores en esto.

Muchas mujeres sólo quieren que ya se termine el sexo, porque a ellas no les están dando este tipo de afecto. La mujer va a odiar la experiencia y se va a ir de allí con amargura, porque mientras que el hombre ha sido satisfecho, él ni siquiera trató de suplir las necesidades de ella. Las mujeres me han dicho durante las sesiones de consejería matrimonial, "Yo siento que sólo estoy siendo usada por este "hombre de Dios". ¿Cómo es que él puede orar todo el tiempo, leer la Biblia continuamente, y predicar, y entonces venir a casa y tratarme como una prostituta"?

El afecto es algo que el hombre tiene que iniciar.

Que esto no sea así entre nosotros. La mujer no quiere que el hombre brinque a la cama e, inmediatamente después, brinque fuera de la cama. El tiene exactamente lo que él quiere, pero ella no recibe nada.

Pablo dijo que las mujeres deben de ser tratadas con sensibilidad y afecto. Efesios 5:28 dice, *"Así también deben amar los maridos a sus mujeres, como a sus propios cuerpos. El que ama a su mujer, a sí mismo se ama."* El marido tiene que amar a su mujer, apreciarla y cuidarla como a su propio cuerpo. Algunos hombres se mantienen en muy buena condición física. Ellos van a correr, hacen ejercicio y levantan pesas. Dios está diciendo, "Pon la misma atención en tu esposa". Los hombres cuidan de sus cuerpos; ellos se bañan y se rasuran. Dios está diciendo, "Cuida de ella en la misma forma en que cuidas de ti mismo".

El afecto es algo que el hombre tiene que iniciar. Si un hombre no está seguro de cómo ser afectivo, él debería sentarse con su esposa y decir, "Dime cómo ser afectivo". Los hombres necesitan ser entrenados en esto. Yo te puedo decir ahora mismo que hay miles y miles de hombres que no saben absolutamente nada acerca del afecto. Ellos saben mucho acerca del sexo, pero nada acerca del afecto.

Cuando una mujer le dice a su marido, "Abrázame", ella no le está diciendo que quiere ir a la cama. Ella está diciendo que quiere afecto. Si el hombre la abraza, y la abraza por tiempo suficiente, él va a ser recompensado.

Un Hombre Siempre Está Listo

¿Por qué es el hombre de la manera como es? El diseño determina las necesidades. El hombre fue diseñado para ser un líder, un maestro, un cultivador y un protector. Por lo tanto, él está programado para siempre estar listo a actuar. Es su naturaleza el estar listo todo el tiempo. Un líder no puede estar listo solo en ciertas ocasiones. Si viene un ataque en medio de la noche, él tiene que estar preparado. Si viene un ataque a medio día, él no puede estar con la guardia baja. Si surgen problemas en el atardecer, un líder tiene que ser un líder. Debido a que Dios diseñó al hombre para estar listo, él está en un estado de disponibilidad en todos los diferentes aspectos de su vida, incluyendo su sexualidad. Su energía sexual nunca se detiene. Puede pausarse, pero nunca realmente se detiene.

Muchas mujeres interpretan este aspecto del varón como ser anormal. Pero es debido a que es su naturaleza siempre estar listo, que su cuerpo ha sido diseñado de esta manera también. Por lo tanto, no es anormal que un hombre siempre esté listo sexualmente. El hombre necesita darse cuenta que el hecho de estar listo no siempre significa tener que entrar en acción.

"Asimismo, exhorta a los jóvenes a que sean prudentes" (Tito 2:6). El auto-control es el tema recurrente en las escrituras de Pablo. El sabía que el sexo puede controlar a los hombres. Cuando tú siempre estás listo, tú debes de ser capaz de ejercitar el auto-control. La necesidad del hombre de tener sexo es una de las más grandes necesidades que jamás nadie se puede imaginar. Es un aspecto de la formación del hombre que le da una gran satisfacción. Los hombres no entienden este aspecto ellos mismos.

Algunos hombres creen que cada vez que experimentan deseo sexual, ellos tienen que encontrar a alguien con quien aliviarlo. Ellos aun llegan a pagar para tratar de suplir esta necesidad, pero aun así ellos no están satisfechos. Ellos no entienden que Dios los creó para estar listos, debido al propósito de liderazgo que Dios les ha dado. Por lo tanto, su energía debería ser canalizada hacia el liderazgo positivo.

El hecho de que el hombre siempre está listo, coloca a la mujer en una situación difícil en ocasiones. Primero, ella tal vez interpreta la energía sexual del hombre como algo animal, desconsiderado y sin sentimientos. Si la forma de acercarse de él es muy abrupta o muy agresiva, ella tal vez le diga a él que la deje en paz. El hombre entonces interpreta la reacción de ella como falta de interés o como falta de respeto. En este caso, él tal vez se va a sentir inclinado a encontrar interés y respeto en algún otro lado.

Por el otro lado, he conocido algunas mujeres que ponen más atención a las actividades de la iglesia y al evangelismo, que a lo que ellas hacen con sus maridos. En cierto sentido, ellas descuidan las necesidades sexuales de su marido, porque ellas dicen que están muy ocupadas sirviendo a

Dios. Sin embargo, esto significa que sus maridos están siendo abandonados en casa—y ellos siempre están listos.

Pablo nos dijo que este tipo de situación es una receta para desastre. El dijo que cada vez que el marido y la mujer no están teniendo relaciones sexuales por estar sirviendo a Dios, deberían hacerlo, solo si hay un consentimiento mutuo, y solo por un corto período de tiempo.

> *Que el marido cumpla su deber para con su mujer, e igualmente la mujer lo cumpla con el marido. La mujer no tiene autoridad sobre su propio cuerpo, sino el marido. Y asimismo, el marido no tiene autoridad sobre su propio cuerpo, sino la mujer. No os privéis el uno del otro, excepto de común acuerdo y por cierto tiempo, para dedicaros a la oración; volved después a juntaros a fin de que Satanás no os tiente por causa de vuestra falta de dominio propio.* (1a. Corintios 7:3–5)

Este pasaje significa que si tú vas a ayunar y a orar, a pasar tiempo con el Señor, o a ir a un viaje misionero, tú deberías obtener el permiso y el consentimiento de tu esposo o esposa antes de que se abstengan de relaciones sexuales. Es muy importante para una mujer el ser sensible a las necesidades que su marido tiene para el sexo. Cuando algunas mujeres se convierten en cristianas, de alguna manera ellas piensan que no es "espiritual" para ellas el hecho de tener relaciones sexuales. Ellas le dicen a sus maridos, "Ahora soy salva, y mi cuerpo es el templo del Espíritu Santo, así que no me toques". Esta es una filosofía muy tonta y un testimonio muy destructivo para sus esposos. El sexo fue parte del diseño original de Dios para la humanidad, y es una cosa santa entre un esposo y una esposa. La Biblia le dice a la mujer, *"La mujer no tiene autoridad sobre su propio cuerpo, sino el marido"* (1a. Corintios 7:4), y le dice al hombre, *"Y asimismo, el marido no tiene autoridad sobre su propio cuerpo, sino la mujer"* (v. 4).

> El sexo es parte del diseño original de Dios para la humanidad, y es una cosa santa entre el esposo y la esposa.

El cuerpo de la esposa le pertenece a ambos, a ella y a su marido. El cuerpo del marido le pertenece a ambos, a él y a su esposa. Estos versículos no sólo nos están diciendo que los esposos y las esposas necesitan suplir las necesidades del uno y del otro, pero que también el uno y el otro también tienen mucho que decir en el hecho de que uno o el otro estén listos para tener relaciones sexuales. El esposo puede decir, "Cariño, estoy listo", pero ella tiene el derecho de decir, "Tú siempre estás listo, pero yo no estoy lista todavía". Tiene que haber un equilibrio entre el hecho de tener las necesidades de uno satisfechas y el hecho de tener consideración para las necesidades de la otra persona.

Algunos hombres andan por ahí con la actitud de que, "Si yo no lo tengo, me voy a morir". Bueno, dejen que "se mueran" entonces, porque esto no es cierto. El hombre siempre está listo, así que él necesita ejercitar el auto-control. Como dijo Pedro, el esposo debe ser sensible a las necesidades de la esposa. El tiene que vivir con ella con todo conocimiento y consideración.

Aprendiendo y Llenando las Necesidades del Uno y del Otro

Las áreas primarias de necesidad, por lo tanto, para las mujeres y para los hombres son el amor/el respeto, la conversación/tener compañerismo en las actividades recreativas, y el afecto/el sexo. Si tú quieres ser bendecido o bendecida, no te enfoques en tus necesidades, sino ponte a descubrir cuáles son las necesidades de la otra persona y haz todo lo posible para satisfacerlas. Esto se va a convertir en una bendición doble, porque el suplir las necesidades de la otra persona normalmente va a causar que él o ella quiera suplir las tuyas. Toda vez que tú no estás recibiendo lo que tú necesitas en una relación, debes checar y ver si tú estás llenando estas necesidades básicas primero.

Hay gentes que me dicen, "Pero he estado casado por cuarenta años. Tú no conoces nuestro matrimonio. He tratado todo para hacer que funcione. La Biblia dice que el pueblo de Dios pereció, no debido al pecado, no debido al diablo, sino debido a la falta de conocimiento. (Ver Oseas 4:6.) Por lo tanto, donde hay un rompimiento en la comunicación o en cualquier otro tipo de problema, frecuentemente hay algo más que tú necesitas aprender acerca de las necesidades de tu pareja y del diseño de tu propia creación que puede suplir esas necesidades.

Las situaciones de abuso físico son un tema por separado y necesitan ser vistas individualmente. Si tú estás en una situación como esa, yo te quiero urgir a que busques la ayuda de tu pastor y de amigos cristianos en quienes puedes confiar. Sin embargo, muchas situaciones en las cuales las parejas están enfrentando problemas matrimoniales leves o severos, son el resultado de que ellos han fallado en entender, en servir, y en apreciarse el uno al otro. El venir a entender las necesidades de su esposa o esposo y el buscar satisfacerlas mientras se ofrece amor incondicional es lo que ha venido a transformar los matrimonios de numerosas parejas. Si tú aplicas los principios de este capítulo, yo creo que ellos harán una significante diferencia positiva en tus relaciones.

Estos principios son sacados directamente de la Palabra de Dios. Necesitamos un entrenamiento continuo en los principios de Dios. Es bueno que nosotros recibamos instrucción en cómo llenar o cumplir adecuadamente los propósitos para los cuales fuimos creados. De esta manera, podemos tener un impacto positivo en la gente que necesita que cumplamos nuestro propósito para que ellos puedan cumplir el suyo. La Biblia es nuestro manual de instrucciones que nos explica nuestro propósito: *"Toda Escritura es inspirada por Dios y útil para enseñar, para reprender, para corregir, para instruir en justicia, a fin de que el hombre de Dios sea perfecto, equipado para toda buena obra"* (2a. Timoteo 3:16–17).

La Biblia nos equipa para ser los hombres y las mujeres que fuimos diseñados a ser. Yo te animo a que seas una persona de la Palabra a medida que tú tratas de entender los propósitos de Dios y Su diseño para la humanidad, y a medida que buscas suplir las necesidades de aquellos con quien tienes relación. Que tú seas bendecido a medida que tú estás bendiciendo a los demás.

Principios

1. Las necesidades de las mujeres y de los hombres están conectadas a sus propósitos y a sus diseños.

2. La necesidad principal de la mujer es el amor, mientras que la necesidad principal del hombre es el respeto.

3. Amar significa apreciar, cuidar y mostrar afecto.

4. Aunque una mujer esté honrando y estimando a su marido, él tal vez no sabe cómo expresar el amor hacia ella en la forma en que ella lo necesita.

5. Si el esposo de una mujer ignora la necesidad que ella tiene de amor, es importante que ella sea paciente y que confíe que Dios le va a revelar esta necesidad a él mientras que ella evita la amargura.

6. Una necesidad muy importante de la mujer es la conversación, mientras que una necesidad muy importante del hombre es el compañerismo en las actividades recreativas.

7. Para poder satisfacer verdaderamente la necesidad de conversación de la esposa, el marido debería hablar con ella al nivel de los sentimientos y no solo al nivel *del conocimiento y de la información.*

8. El marido debería conversar con su esposa, teniendo una actitud abierta y con cortesía, diciéndole a ella lo que él siente y lo que él piensa. El debería compartir sus planes y acciones de forma clara y completa debido a que él se considera a sí mismo en responsabilidad hacia ella.

9. Una mujer puede crear oportunidades para conversar con su marido por medio de desarrollar interés en su trabajo, en sus actividades y en sus hobbies.

10. Una necesidad muy importante de la mujer es el afecto, mientras que una necesidad del hombre es el sexo.

11. El sexo fue parte del diseño original de Dios para la humanidad, y es una cosa santa entre un esposo y una esposa.

12. El afecto crea el medio ambiente para la unión sexual en el matrimonio, mientras que el sexo es el acto mismo.

13. El hombre debería ser sensible a las temporadas o estaciones del ciclo reproductivo de la mujer, y no presionarla a tener relaciones sexuales, mientras que la mujer debería ser sensible a la necesidad de su marido de tener sexo.

✿ Once ✿
¿Debería la Mujer Estar en Liderazgo?

He cruzado la línea. Era libre; pero no había nadie
para darme la bienvenida en la tierra de la libertad.
Era una extraña en una tierra extraña.
—Harriet Tubman

L o que hemos discutido hasta ahora acerca del propósito
y del diseño de Dios para las mujeres, nos prepara
para hacer una de las preguntas más controversiales
en el día de hoy: ¿debería la mujer estar en liderazgo?
Para aquellos que están en la fe, esta pregunta usualmente
tiene un objetivo específico: ¿debería la mujer estar en una
posición de liderazgo en la iglesia? La Palabra de Dios nos
da las respuestas a ambas de estas preguntas.

Antes de llegar a las conclusiones de cualquier asunto,
es importante considerar lo que la Palabra de Dios en
general tiene que decir al respecto. Es muy fácil tomar un
versículo y hacer toda una doctrina basado en el. Este ha
sido el caso muy frecuentemente en forma histórica de cómo
la iglesia ha visto el asunto de la mujer y el liderazgo.

Por consecuencia, vamos a explorar este tema, usando
el mismo punto de vista que hemos usado a través de todo
este libro. Vamos a ver el propósito de Dios para la mujer y
cómo se relaciona con el liderazgo. Para hacer esto, vamos a

ver ejemplos tanto del Antiguo como del Nuevo Testamento que nos dan luz en este tema tan importante, de tal manera que lleguemos a tener un entendimiento más claro de la intención de Dios para nosotros. Al mismo tiempo, el tema de la mujer y el liderazgo es un tema muy amplio y podría ser el tema central de un libro completo. Por lo tanto, vamos a ver los principios más importantes de la mujer en liderazgo basados en la Palabra de Dios.

"Te Envié Tres Líderes"

En el libro de Miqueas, Dios hace una declaración asombrosa que mucha gente ha pasado por alto y que la mayoría de los hombres no quieren leer.

Si se les preguntara a la mayoría de los hombres, ¿"Fue Moisés un gran líder"? su respuesta sería, enfáticamente, "Sí". Yo creo que Moisés probablemente es el más grande líder en el Antiguo Testamento, el hombre que Dios escogió para sacar a Su pueblo de la esclavitud de Egipto. Moisés obviamente era un gran ministro de administración. El aprendió mucho de esto de su suegro, Jetro, quien lo enseñó a delegar en lugar de absorber una gran carga de responsabilidad solo en sí mismo. Moisés fue un hombre de una fuerza y de un carácter tremendos, aunque él también era un hombre de debilidad. Pero Dios equilibra la debilidad con el poder de Su unción. Durante el tiempo del Exodo, y por cuarenta años en el desierto, Moisés fue un líder extraordinariamente efectivo e inspirador.

Sin embargo, yo quiero leerte una declaración que Dios hizo en Miqueas 6:4. Las mujeres deberían tomar este versículo y guardarlo en el corazón para recordarlo durante el resto de su vida. Dios dice, *"Pues yo te hice subir de la tierra de Egipto, y de la casa de servidumbre te redimí, y envié delante de ti a Moisés, a Aarón y a María".*

Dios estaba diciendo, "Yo te envié tres líderes".

Siempre hablamos acerca de Moisés como el representante y el líder administrativo. También hablamos acerca de Aarón como el sumo sacerdote y el líder espiritual. Pero Dios mencionó a otro líder, del cual muchos hombres se sienten muy incómodos cuando lo leen. El dijo, "Yo también te envié a María para dirigirte".

Dios *envió* a una mujer para dirigir. Este hecho contradice muchas de las actitudes que los hombres han tenido durante años acerca de la mujer en el liderazgo. Cuando Dios con todo propósito escogió a María para que fuera un líder ante Su pueblo, El apoyó la idea de que es válido que una mujer esté en liderazgo. Es digno de notar que Dios no envió a María para dirigir, debido a que no hubiera hombres disponibles en ese momento. El la envió a dirigir *al lado* de los hombres. El la colocó en un equipo de líderes. Dado que Dios aceptó a María en la misma lista o en la misma categoría con Moisés, no tenemos que preguntarnos si la intención de Dios es que las mujeres estén como líderes. *"Y envié delante de ti a Moisés, a Aarón y a María".*

El equipo de liderazgo del Sinaí incluyó a un director, a un sacerdote y a una mujer. El director fue Moisés, quien era el líder ejecutivo, y el sacerdote fue Aarón, quien era el líder espiritual. Pero justo en medio del líder ejecutivo y del líder espiritual, se necesitaba una mujer para traer equilibrio a los otros dos. Vamos a ver la naturaleza de su función principal de liderazgo a medida que avanzamos a través de este capítulo.

La función tan influyente que tenía María como un líder sobre Israel regresa otra vez a los propósitos de Dios para la mujer que El estableció cuando El creó a la humanidad, y también mira a los propósitos redentores de Cristo Jesús para la mujer en la salvación. Dios tuvo la intención de que las mujeres fueran líderes desde la creación del mundo, y El confirmó Su dedicación continua a este propósito a través del ministerio de Su Hijo, Cristo Jesús. Esta es la base sobre la cual vamos a explorar la función de la mujer en el liderazgo.

A través de todo este libro, hemos visto lo siguiente:

- Las mujeres y los hombres (como hombre) son iguales espiritualmente delante de Dios e igualmente importantes para El.

- A las mujeres y a los hombres (como hombre) les fue dado el mandato del dominio.
- Los varones y las mujeres (que son las casas del hombre) tienen propósitos y diseños distintos.
- Las funciones y habilidades complementarias de los hombres y de las mujeres traen equilibrio, fuerza y ayudan al uno y al otro a medida que ellos cumplen los propósitos de Dios.

A la luz de estos principios, la pregunta que la gente se ha estado haciendo, ¿"Debería la mujer estar en liderazgo"? se convierte en una pregunta completamente diferente. En lugar de estar preguntando *si* la mujer debería estar en liderazgo, deberíamos estar preguntando cómo es que ellas deben de ejercitar su liderazgo, de acuerdo a su propósito y a su diseño.

¿Qué es lo que dicen tanto el propósito como el diseño de la mujer acerca de su función en el liderazgo?

Redescubriendo el Propósito del Liderazgo de la Mujer

En primer lugar, consideremos una vez más que el mandato del dominio le fue dado al hombre, y no solo al varón. Por lo tanto, es el propósito de Dios que la mujer, de la misma manera que el hombre, dé fruto y se multiplique, y lo llene todo, y sojuzgue, y tenga dominio sobre la tierra. (Génesis 1:28). Tener dominio es gobernar, regir, sojuzgar, controlar, manejar, dirigir o administrar. Es una palabra muy poderosa. A ambos, al hombre y a la mujer, les fue dada la misma tarea de liderazgo para tener dominio. Dios ama el liderazgo y lo tenía en mente cuando El creó la tierra. Por esto es que El quería que el mundo fuera cultivado y que no sólo quedara como algo desértico. El ama el orden. Cuando Dios le dijo al hombre que tuviera dominio, El le estaba diciendo al hombre quién es El. El hombre (hombre y mujer) es un líder que tiene que cultivar la tierra.

> Todo lo que Dios dijo acerca de la relación hombre-mujer después de Génesis 2, es un programa de reparaciones.

No hay ningún incidente de sujeción, de sumisión, o de opresión de la mujer en los capítulos uno y dos de Génesis. En la perfecta voluntad de Dios, no hay tales arreglos. La mujer y el hombre eran iguales, bendecidos, sojuzgando, gobernando y teniendo dominio, y Dios dijo, "Esto es muy bueno". Cualquier otro arreglo diferente a esto fue resultado de la Caída. Esto significa que todo lo que Dios dice acerca de la relación hombre-mujer después de Génesis 2 es un programa de reparaciones.

En segundo lugar, debemos recordar que el propósito de algo determina su diseño—su naturaleza, su potencial y sus habilidades. Por lo tanto, dado que el propósito de Dios para el hombre era el liderazgo, el diseñó al hombre y a la mujer con los potenciales internos y con la habilidad de ser líderes.

Por lo tanto, el espíritu de liderazgo está en todo hombre y en toda mujer. Sin embargo, la manera en que ellos ejecutan el dominio es diferente, basado en sus distintos diseños.

El Poder de la Influencia de la Mujer

Ambos, el hombre y la mujer, fueron creados para dirigir, pero sus funciones de liderazgo son determinadas por sus tareas específicas de dominio. Dios diseñó a la mujer no solo para tener relación con El Mismo, sino también para ayudar a cumplir Sus propósitos en Su gran plan para la humanidad. Por lo tanto, las mujeres fueron diseñadas por Dios para ejecutar una tarea que sólo puede ser llevada a cabo por las mujeres.

Poder de Posición y Poder de Influencia

Dios diseñó al hombre para ser un líder por posición, y a la mujer para ser un líder por influencia. El hombre tiene *poder de posición* y la mujer tiene *poder de influencia*. Existe una diferencia entre estas dos formas de liderazgo.

El hombre recibe su liderazgo por su posición, en el hecho que él fue creado primero, y en el hecho de ser la fuente de recursos de la mujer, para quien él es responsable.

La posición de él tiene que ver con su propósito en la creación. El hombre se convirtió en la cabeza de su familia por la virtud del hecho de que él fue creado primero. Cuando Dios diseñó a la mujer, obviamente El tenía la influencia en la mente. Una mujer es una receptora. Dios la diseñó a ella para recibir del varón y para incubar lo que ella recibe, para que pueda crecer y desarrollarse. La mujer está hecha para ejercer influencia. Sus vientres—ya sea físico, emocional, mental o espiritual—tienen una tremenda influencia en que ella recibe por medio de proveer nutrición y un medio ambiente transformador. Existe mucha verdad en el dicho, "La mano que mece la cuna es la que gobierna el mundo".

El poder de posición y el poder de influencia no son mutuamente exclusivos; fueron hechos para ser ejercitados conjuntamente en el dominio. Déjenme darles un ejemplo de esto.

Hemos visto que el hombre es el iniciador de la nueva vida humana. El lleva la semilla de la vida, que es el esperma. Esto es por qué el hombre lleva, por decirlo de una manera, la semilla de las naciones. En la Biblia, cada vez que Dios quería crear una nueva nación, El llamaba a un hombre para iniciarla. Pero mientras que el hombre es el padre de las naciones, él no puede crear estas naciones sin la participación de la mujer. El esperma no es bueno para el hombre si no tiene una mujer, de la misma que una semilla no sirve si no tiene tierra.

Dios le dijo a Abraham, *"Y no serás llamado más Abram; sino que tu nombre será Abraham; porque yo te haré padre de multitud de naciones. Te haré fecundo en gran manera, y de ti haré naciones, y de ti saldrán reyes"* (Génesis 17:5–6). Pero no importa qué tanta unción haya tenido Abraham para llegar a ser *"el padre de muchas naciones"*, él aun necesitaba a Sara para que le ayudara a cumplir su llamamiento.

El poder y la influencia son iguales, pero diferentes. Una mujer y un hombre son iguales en liderazgo. La diferencia está en sus funciones de liderazgo.

Hay dos aspectos importantes del poder de posición. Primero, el poder de posición generalmente viene con un título, como el título del rey, gobernador, doctor o pastor. Segundo, el poder de posición usualmente es ejecutado a través de órdenes, ya sean verbales o escritas. Es la autoridad que va con la posición—y que apoya las órdenes—lo que es la naturaleza del poder del hombre.

El poder de influencia se manifiesta en sí mismo de una manera muy diferente. Primero, una mujer puede tener un título, pero ella no necesita un título para poder dirigir. Ella dirige por influencia. Por esto es que muchas mujeres usualmente manejan los hogares. Los hombres se llaman a sí mismos "la cabeza de la casa", pero son las mujeres las que manejan la casa. Segundo, una mujer no necesita hablar para manejar las cosas. Ella dirige solo por medio de su influencia. Mi padre acostumbraba manejar nuestra casa con su boca. El solía decir, "Limpia la cocina"; "Saca la basura"; "Quita tus pies de esa silla". Sin embargo, mi madre solo tenía que *verme*, y mis pies bajaban automáticamente de esa silla. La mujer no necesita decir una sola palabra; ella sólo mira, y la gente responde. Esta es una influencia muy poderosa. Algunos hombres asumen que por qué muchas mujeres son muy calladas o no están ladrando órdenes, ellas son débiles. Ellos no entienden el poder de influencia.

> Abraham necesitó a Sara para que le ayudara a cumplir su llamamiento.

Los Peligros del Poder de Influencia

El poder de influencia puede ser más sutil y más callado que el poder de posición, pero tiene un efecto muy potente. Satanás entendió esta influencia. La Caída del hombre resultó de la interferencia con el liderazgo de la influencia.

El diablo es muy astuto; cuando él quería destruir a la humanidad, él fue a la mujer en lugar de ir al hombre. El quería ir tras del hombre, debido a que el hombre es el fundamento, pero él no podía llegar al hombre, debido a que el poder de posición normalmente se mantiene firme hasta en tanto que su posición es genuina. Tú no puedes destruir el poder de posición directamente; tú tienes que destruirlo por medio de la influencia. Por lo tanto, Satanás fue a través del poder de la influencia para poder llegar al poder de la posición. El no ha cambiado su táctica desde entonces, debido a que le funcionó muy bien.

El diablo fue a Eva y le dijo, básicamente, "Tengo una proposición para ti. Si tú realmente quieres ser como Dios, toma la fruta y cómela". La Biblia dice que Eva miró a la fruta y vio que era buena para comer y que era hermosa. Ella la tomó y la comió. Aparentemente nada malo le sucedió a ella, así que la tomó, la llevó a su marido, y lo influenció para que se la comiera. Satanás fue al poder de la influencia y lo usó para destruir el poder de posición.

Satanás fue al poder de influencia y lo usó para destruir el poder de posición.

Pero Dios es *Todo Poderoso*, y El no fue derrotado por el éxito del diablo. El puso de inmediato un plan en acción que no sólo restauraría a la humanidad, sino que también derrotaría a Satanás. Sin embargo, su plan significaba que tenían que hacerse nuevos arreglos en la relación entre hombres y mujeres hasta que Sus propósitos redentores pudieran ser cumplidos.

El poder de la influencia de la mujer podía ser visto en el diseño original de Dios para ella y en Su respuesta hacia ella después de la Caída del hombre:

1. En la creación, Dios le dio a la mujer la tarea de gobernar. Esto muestra el respeto que El tenía por ella.

2. Dios le prometió al diablo que su destrucción vendría a través de la mujer. El identificó a la mujer como el instrumento, a través del cual el hombre sería redimido.

3. El poder de influencia de la mujer, en su estado caído es tan potencialmente destructor que Dios sintió que El necesitaba ponerla a ella bajo reglas para su propia protección y para la protección de los demás. Dios le dio la tarea al hombre de regular el poder de influencia de la mujer hasta que la plenitud de los tiempos se hubiera cumplido, cuando El hubiera enviado a Su Hijo, nacido

de una mujer, para completar el proceso de redimir el lugar de compañerismo que ella tenía con el hombre.

La mujer no fue creada originalmente por Dios para que fuera regulada por el hombre. Este no es el plan de Dios para la mujer. La desobediencia de la humanidad a Dios es lo que alteró la situación de ella—pero esta alteración fue solo temporal. Debido a que Dios sabía la influencia potencial con la que El había creado a la mujer, El consideró que ella era más peligrosa que el varón en su estado caído. Esto es porque Dios la puso bajo reglas.

Cuando Dios le dijo a la mujer de estas reglas, El de hecho le estaba diciendo, "Tú eres tan poderosa que yo no te puedo confiar a ti misma nunca más". Su acción con la mujer es paralela a Su acción de quitar a Adán y a Eva del Jardín del Edén para impedir que ellos comieran del Árbol de la Vida y que, al hacerlo, estuvieran condenados a vivir para siempre en su estado corrupto sin tener oportunidad alguna de ser redimidos. El hizo esto por ella para su propia protección.

Dios le dijo a la mujer en Génesis 3:16, *"En gran manera multiplicaré tu dolor en el parto, con dolor darás a luz los hijos; y con todo, tu deseo será para tu marido, y él tendrá dominio sobre ti"*. *"Tendrá dominio"* significa "regular" más que "mandar". Ahora, cuando vino al hombre, Dios parecía estar diciendo, "Y en cuanto a ti, Adán, tu poder de posición no es tan peligroso como el poder de influencia de la mujer, así que tú no necesitas muchas reglas. Voy a permitir que las espinas y los abrojos te gobiernen. Voy a permitir que las circunstancias de la vida que te encuentres te gobiernen. Sin embargo, la mujer va a necesitar mucho liderazgo".

Por esto es que, cuando tú conoces a una mujer que no tiene el Espíritu Santo habitando en ella, tú estás conociendo a un peligroso paquete de influencia que tiene el potencial de traer destrucción sin ninguna inhibición. La mujer necesita reglas no porque sea el vaso más frágil, sino porque, potencialmente, ella es la más peligrosa.

¿Qué es lo que yo quiero decir por peligrosa? Cuando un hombre está a cargo, todos lo saben, porque él lo anuncia.

"Yo estoy aquí. Yo soy el jefe". El poder de posición se anuncia a sí mismo. El poder de influencia sólo llega y controla las cosas. Para el momento en que te das cuenta de su presencia, ya ha tomado el control de todo. Algunos de ustedes que se han divorciado saben de lo que estoy hablando. Una mujer manipuladora y extrovertida vino a tu vida y arruinó tu matrimonio. Cuando una esposa le dice a su marido que ha sido infiel, ¡"Cómo pudiste hacer esto"! él frecuentemente dice, "Yo no sé". El fue mal guiado por el poder de la influencia.

La mujer necesita ser regulada, porque ella es potencialmente más peligrosa.

La mujer es más peligrosa porque el poder de ella es un poder silencioso. Tú ni siquiera te puedes dar cuenta cuando ella está trabajando. No son necesariamente los presidentes y los primer ministros quienes verdaderamente están gobernando nuestros países. El poder no sólo se encuentra en la Casa del Senado y en la Casa Blanca. Se encuentra en la recámara. La mujer no tiene que hacer un discurso público de política. Todo lo que ella tiene que decir es, "Yo no pienso que tú deberías hacer eso, Cariño", y entonces, se convierte en política. Su influencia es poderosa.

El poder de influencia es un tremendo don de Dios que tenía la intención de que las mujeres lo usaran para bien—para el bien de ellas misma, de sus familias, de sus comunidades, de sus naciones, del mundo y del reino de Dios. Pero las mujeres se tienen que dar cuenta del potencial que tienen para lo malo así como también para lo bueno. Aun las mujeres redimidas tienen que tener mucho cuidado en disciplinar su poder de influencia. Consideremos estos ejemplos de influencia corrupta:

- Adán sacrificó su relación con Dios cuando él escogió la influencia de Eva por encima de lo que Dios le había dicho. Aunque él fue completamente responsable por su acción, esta influencia contribuyó a su tentación de rebelarse en contra de Dios, lo cual afectó el futuro de la humanidad.

- Abraham, quien fue llamado el amigo de Dios, y a quien le fue dada la promesa de un hijo bendecido y heredero por parte de Dios, fue influenciado por su esposa Sara, para tomar el asunto en sus propias manos y tratar de forzar el cumplimiento de la promesa a través de medios humanos. Cuando Sara habló, su voz se convirtió más influyente para Abraham que la voz de Dios, aunque él ya había tenido una visitación personal de parte del Señor. Hoy en día, todavía estamos viviendo las consecuencias de esta influencia en los conflictos sin fin entre los árabes y los judíos.

- Sansón, cuya unción diferente le permitió matar a mil filisteos con la quijada de un burro y hacer muchas otras muestras de fuerza, fue influenciado por Dalila para que le revelara la fuente y secreto de su fuerza. Entonces, él fue traicionado por ella, lo cual resultó en su captura, y eventualmente, en su muerte.

El liderazgo de la mujer es tan poderoso que Dios dice que necesita ser regulado si no está bajo el control del Espíritu Santo.

Dios Quiere Restaurar a las Mujeres a su Función Completa de Liderazgo

Necesitamos recordar que, aunque el poder de influencia de la mujer tiene el potencial de causar daño, fue Dios quien originalmente le dio este don de liderazgo cuando Él la creó. La *influencia* no es consecuencia de la Caída; la *corrupción de la influencia* es la consecuencia. Es el deseo de Dios que la mujer sea restaurada completamente a su función de liderazgo y que use su influencia para los propósitos de Dios. Dios indicó que este fue Su plan aun en el tiempo de la Caída. Todas las declaraciones que Dios le hizo a Adán y a Eva en Génesis 3 son la respuesta de Dios a la Caída. Él dijo que, al final, Él iba a restaurar lo que Él había establecido en el principio. ¿Cómo? A través de la redención de Cristo Jesús y de la venida del Espíritu Santo.

Cuando el Espíritu Santo llega a la vida de la mujer, el plan de Dios para ella revierte a lo que era originalmente.

Esto es por lo que Pedro dijo, *"Y vosotros, maridos, igualmente, convivid de manera comprensiva con vuestras mujeres, como con un vaso más frágil, puesto que es mujer, **dándole honor como a coheredera de la gracia de la vida"*** (1a. Pedro 3:7, se añadió énfasis).

Las mujeres son coherederas y herederas igualmente de la salvación junto con los hombres. Esto significa que, cuando la mujer recibe salvación en Cristo Jesús, ella llega a ser igual en liderazgo otra vez. Al tiempo de la Caída, Dios maldijo al diablo y prometió que trataría con él en forma decisiva en un tiempo posterior. La semilla de la mujer iba a venir e iba a aplastar su cabeza y a quitarle su poder. Veamos más de cerca la forma como Dios cumplió Su plan de restauración para la mujer (y para el hombre) a través de Cristo Jesús.

Cristo Restauró a la Mujer en una Co-Sociedad

Jesucristo restauró a la humanidad a los propósitos y al plan de Dios. Yo defino el plan de Dios de manera muy simple. Génesis 1–2 es una descripción del programa perfecto de Dios para el hombre-espíritu y su manifestación como varón y mujer. El capítulo tres nos revela cómo y por qué fue que este programa se calló en pedazos. De Génesis 3 a Apocalipsis 21, que es el último capítulo de la Biblia, explica lo que Dios ha hecho, y que aun sigue haciendo, para restaurar a la humanidad en Su programa original (y aun más allá de ello). La Biblia es un relato del programa de restauración de Dios, el cual El efectuó a través de varios pactos con Su pueblo.

La vida, muerte y resurrección de Cristo Jesús, cumplen la redención del hombre. El sacrificio del Hombre Perfecto, hizo expiación por los pecados del hombre caído y restauró a la humanidad en la comunión con Dios que había disfrutado en el Jardín del Edén. Esto significa que la maldición del pecado ha sido removida de la vida de las gentes cuando

> La Biblia es un relato del programa de restauración de Dios.

ellos reciben la obra redentora de Cristo, y son nacidos de nuevo. El mismo Espíritu de Cristo viene a habitar dentro de ellos. Ellos son restaurados a los propósitos de Dios y ellos son capaces de amar y de servir a Dios otra vez.

Bajo la obra redentora de Cristo Jesús, la mujer no sólo es restaurada a la comunión con Dios, sino que es restaurada a la posición de socia junto con su contraparte hombre. Por lo tanto, ella ya no tiene que ser dominada o regida por el hombre, porque, si lo fuera, significaría que la obra redentora de Cristo no tuvo éxito.

La mujer fue creada por Dios para ser una ayuda y no una esclava. Hay una gran diferencia entre estos dos. La Biblia se refiere al Espíritu Santo como un Ayudador. (Ver Juan 15:26; 16:7). Jesús dijo que el Espíritu Santo no sólo nos ayudaría, sino que también nos iba a guiar. *"El os guiará a toda verdad"* (Juan 16:13). El Espíritu Santo es el Paracleto, lo cual significa que es Aquel que puede ayudar como Consolador, como Consejero y como Guía.

El ser una ayuda no significa ser inferior. Una ayuda puede ser una guía y una maestra. Por lo tanto, aunque el hombre siempre es la cabeza responsable en el diseño de Dios, él no es el "jefe". El no es el dueño de la mujer.

Recordemos que cuando Dios se refiere a la raza humana, El nunca se refiere a nosotros como hombre y mujer; El se refiere a nosotros como "hombre". El trata con el hombre-espíritu que está dentro de ambos, tanto del hombre como de la mujer. Para poder funcionar en la tierra como hombre, sin embargo, los hombres y las mujeres, cada uno ejercitan un aspecto del liderazgo que le fue dado al hombre, al espíritu.

Mientras que el hombre finalmente es la cabeza responsable, la mujer es una líder conjunta. Una buena ilustración de esto es la relación entre Jesús y Su iglesia. Jesús es llamado la cabeza, y a la iglesia se le llama el cuerpo (Colosenses 1:18). Ellos trabajan al unísono uno con el otro. La relación de Cristo hacia la iglesia es el modelo perfecto para nosotros de la relación hombre-mujer y de los propósitos de Dios para la mujer en su función de liderazgo para el dominio.

La Novia Influyente de Cristo Jesús

La obra de sacrificio en la cruz de Cristo Jesús redimió al poder de influencia en un ejemplo hermoso del amor y de los propósitos de Dios. Cuando llegó el tiempo para que Jesús muriera en la cruz, El sabía que El iba a comenzar un viaje que involucraría algo entre estas líneas: "Yo tengo que regresar a Mi Padre. Pero Yo quiero influenciar al mundo para Mi reino. Yo soy el Rey y Yo soy la Palabra; por lo tanto, Yo ejercito el poder de posición. Para influenciar al mundo, Yo necesito una esposa, una socia, la cual tenga el poder de influencia".

La experiencia del Ultimo Adán es paralela a la experiencia del primero. Por ejemplo, Jesús tenía que ser nacido como hombre, debido a que el hombre es la fuente de recursos; más aun, Cristo tenía que ser un hombre, porque El vino a cumplir lo que Adán había fallado en hacer. Para cumplir esto, El experimentó algo muy cercano y muy parecido a lo que Adán experimentó cuando Dios creó a la mujer. Aquel que es el Ultimo Adán, se fue a dormir (en Su muerte en la cruz) para que Dios pudiera tomar de El una mujer llamada *ekklesia*, la cual es la iglesia. Cuando el costado de Cristo fue traspasado por la lanza, agua y sangre salieron de ahí; simbólicamente, la iglesia fue nacida de agua y de sangre—la sangre de Cristo y el agua de la Palabra de Dios. Por lo tanto, la iglesia fue sacada del costado de Cristo Jesús, de la misma manera que la mujer fue sacada del costado del hombre.

La iglesia es descrita en la Biblia como "ella", una novia, una mujer. Se le da una designación femenina. De la misma manera que Eva fue presentada a Adán en perfección, Cristo Jesús dice que El va a presentarse a Sí Mismo *"una iglesia pura y santa y sin mancha"* (Efesios 5:27). Jesús le dijo a Su novia, "Te amo". Entonces, El le dijo a los hombres, "Maridos, amen a sus esposas tal y como Yo amo a Mi esposa". ¿Cómo es la forma en que Cristo muestra el

> Jesucristo dejó la tierra en manos de una mujer, que es la iglesia.

amor a la iglesia? El la lava en el lavamiento del agua de la Palabra de Dios; El quita cada mancha, cada arruga, y toda cosa semejante (Ver versículos 25–28), de la misma manera como se supone que Adán lo hizo por Eva.

El trabajo de Adán era proteger a Eva y asegurarse que ella se mantenía limpia continuamente por medio de comunicarle la Palabra de Dios a ella. La falla de Adán fue que él, en un sentido, abandonó a Eva, y por eso es que ella fue vulnerable a los engaños de Satanás. Entonces, cuando Eva fue hacia Adán después de haber desobedecido la Palabra de Dios, en lugar de corregirla, él se unió a ella en su desobediencia.

Jesús, sin embargo, es el Hombre Perfecto. El le dijo a Su esposa, *"Nunca te dejaré; ni te abandonaré"* (Hebreos 13:5). Esto es lo que hace la diferencia. Satanás no puede derrotar la iglesia porque Jesucristo nunca la va a dejar. El está manteniendo Su vigilancia perfecta sobre de ella. El es el Perfecto Adán.

Antes de que Dios creara a Eva, El primero declaró que ella era hecha para ayudar a Adán en el cumplimiento en la tarea de dominio; ella iba a ser la ayuda de él. La iglesia cumple exactamente la misma función para Cristo Jesús. Ser un miembro del Cuerpo de Cristo no sólo significa recibir salvación, sino también ayudar al Señor en Su propósito de ganar al mundo para Sí Mismo. Esto es por qué El le dio a la iglesia la responsabilidad de ir al mundo como testigo de El. Es Su plan el traer al mundo a Sí Mismo en la salvación, y es la función de la iglesia el ayudarlo a El a hacer esto.

Jesús le dijo a Su mujer, "Voy a dejar al mundo entero en tu cuidado, porque yo necesito a alguien que pueda *influenciar* al mundo para Mí". Por lo tanto, Cristo Jesús dejó la tierra en las manos de una mujer, la iglesia. Todas las mujeres y hombres cristianos son parte de esta mujer.

La iglesia ayuda a Jesús a cumplir su tarea redentora. El la ve a ella como una líder perfecta y El muestra esto por el hecho de que El le ha confiado la Palabra de Dios a ella. Ahora, la implicación de esto es que la mujer es un líder confiable, de la misma manera como el hombre lo es.

La iglesia no es la sirvienta de Jesús, de la misma manera que la mujer no es la sirvienta del hombre, sino su socia. *"Ya no os llamo siervos, porque el siervo no sabe lo que hace su señor; pero os he llamado amigos, porque os he dado a conocer todo lo que he oído de mi Padre"* (Juan 15:15).

En Cristo Jesús, los propósitos de Dios han sido restaurados. Jesús le dijo a la iglesia, "Tú te vas a sentar *conmigo* en lugares celestiales" (Efesios 1:20). El no dijo, "Tú te vas a sentar debajo de Mí". Dado que Cristo es el Rey, la iglesia es Su reina. Necesitamos ver la intención de Dios para la mujer en esta imagen de Cristo y la iglesia. Ella no fue hecha para sentarse debajo del hombre, sino para ser su socia en el liderazgo, en el dominio.

Este principio es extremadamente importante: cuando los hombres tratan a las mujeres como inferiores, como menores a ellos, o como seres débiles, cuando ellos las oprimen o las aplastan, ellos se están dañando a sí mismos; están despreciando su propio propósito y potencial. Ambos, tanto el hombre-varón, como la hombre-mujer, fueron hechos a la imagen de Dios. Cualquier opresión en contra de esa imagen es una opresión en contra de uno mismo: *"El que ama a su mujer, a sí mismo se ama"* (Efesios 5:28).

El Plan de Dios Ya Ha Sido Restaurado

Lo que tenemos que darnos cuenta completamente es que el plan de Dios para la mujer en el liderazgo ya *ha sido* restaurado. No es para un tiempo futuro en el cielo. De todas maneras, es ahora que necesitamos tener nuestras mentes renovadas en esta verdad para que podamos entender y avanzar en los propósitos redentores de Dios para la mujer. Aquí es donde el reto actualmente está en el mundo y especialmente en la iglesia. La mayoría de las iglesias todavía están luchando con el tema de la mujer en el liderazgo o con el tema de cómo mover el poder de la influencia de la mujer hacia delante y ponerlo en práctica en la iglesia.

> El plan de Dios para la mujer en el liderazgo ya ha sido restaurado.

¿Qué Pasa con los Escritos de Pablo?

En la mente de mucha gente en la iglesia, las enseñanzas de Pablo con relación a las mujeres en el liderazgo o les prohibe completamente participar en una función de liderazgo o son contradictorias, en el mejor de los casos. Yo creo que sus escritos son muy claros si entendemos que él los escribió en el contexto del propósito y diseño de Dios para el hombre (el espíritu), y en el contexto de las instrucciones prácticas para hombres y mujeres que están tratando con los efectos negativos de la Caída dentro de sus propios medio ambientes culturales. Yo creo que Pablo escribió desde estos dos contextos.

En otras palabras, cuando Pablo escribió, *"No hay judío ni griego; no hay esclavo ni libre; no hay hombre ni mujer; porque todos sois uno en Cristo Jesús"* (Gálatas 3:28), él estaba hablando acerca del hombre-espíritu, al cual Cristo redimió. Por lo tanto, en el Cuerpo de Cristo, en el Espíritu, tú estás tratando con *el hombre,* donde no hay diferencia de género. En otras cartas, Pablo estaba tocando problemas con los que la gente estaba tratando en lugares como Corinto o Efeso, donde la herencia cultural de la gente estaba haciendo más difícil para ellos el poder ajustarse a su nueva fe cristiana. Por ejemplo, él les dijo a los corintios, *"Las mujeres guarden silencio en las iglesias, porque no les es permitido hablar, antes bien, que se sujeten como dice también la ley"* (1a. Corintios 14:34).

Este pasaje ha sido terriblemente mal entendido, y ha sido usado como regla general para poder mantener a las mujeres debajo, y poder subyugarlas y oprimirlas. Mucha gente no se da cuenta, que en la misma carta, Pablo le da instrucciones a las mujeres que oran o que profetizan en la iglesia (1a. Corintios 11:5). Obviamente, ellas necesitaban hablar para poder hacer esto. Por lo tanto, yo creo que las instrucciones de Pablo a los corintios tenían que ver con mantener el orden en las iglesias, donde la carnalidad de la gente, o sus costumbres culturales, estaban creando confusión y discordia. Dios es un Dios de orden. Basado en otras escrituras de Pablo, y en las Escrituras, y en principios bíblicos, tanto del Antiguo como del Nuevo Testamento, estas pocas instrucciones de Pablo no deberían de ser consideradas como la palabra final o la única palabra en la materia.

Hoy en día, sin embargo, debido al deseo de Pablo de traer orden a estas nuevas congregaciones, tenemos gente que está diciendo que las mujeres tienen que permanecer en silencio en las iglesias, que tienen que usar sombreros y básicamente, que pueden ser vistas pero no escuchadas. Ellos dicen que una mujer no puede dirigir o predicar. Nos hemos enfocado tanto en las cantidades de legalismos que nos estamos perdiendo de la revelación de Dios concerniente a lo que la mujer es: ella es el hombre-espíritu que está dentro de la mujer.

Vamos a preguntarnos a nosotros mismos,

- ¿Qué es más importante, la cultura o Cristo Jesús?
- ¿Cuál es un ejemplo más válido de los propósitos de Dios, una mujer llena del Espíritu o una mujer carnal?
- ¿Acaso alguna vez Jesús ordenó a alguna mujer que permaneciera en silencio?
- ¿Acaso Jesús alguna vez le impidió predicar a alguna mujer?

De hecho, la mujer en el pozo fue a predicar después de que Jesús la dejó ir, y ella se convirtió en una evangelista.

Algunas veces consideramos los dichos de Pablo más importantes que la revelación de Jesús acerca de los propósitos de Dios. *Por favor, no mal entiendan lo que estoy diciendo. Toda es la Palabra de Dios.* Pero Pablo en estas declaraciones estaba tratando con temas culturales específicos; Jesucristo estaba tratando con principios. La cultura no debería ser confundida con principios. Jesús elevó, promovió y restauró a las mujeres a su dignidad original. Más aun, Pablo mismo afirmó la igualdad de la mujer con el hombre en Cristo Jesús.

Aun antes de que Jesús muriera en la cruz, El afirmó a las mujeres en Su ministerio terrenal en una manera que fue revolucionaria para el hombre caído, pero que estaba correcta y en línea con los propósitos que Dios tuvo para el hombre en la creación. Esta fue una ilustración impactante de Su respeto para las mujeres, y del valor que ellas tienen para El como Su Creador y Redentor.

Como escribí anteriormente, si tú como hombre tienes problemas con una predicadora femenina, yo te animo a que cierres tus ojos y que escuches al hombre-espíritu que está hablando. Este tipo de acercamiento ha ayudado a muchos hombres. Escucha a lo que está siendo dicho. Si la casa femenina es el problema, entonces ignora la casa, y escucha al que reside dentro de ella, que es el hombre-espíritu, porque Dios habla a través del hombre-espíritu. Es el Espíritu que da vida (2a. Corintios 3:6).

Por lo tanto, no solo es el hombre, sino también la mujer, la que puede ser líder. Más aun, sus estilos de liderazgo no cancelan ni al uno, ni al otro; es la combinación del poder de posición y del poder de influencia lo que le permite al hombre ejercer dominio sobre el mundo y lo que traerá al reino de Dios a esta tierra. El diablo está en problemas cuando los dos tipos de poder se unen en una unidad de propósito.

Extraños en una Tierra Extraña

Atrapado en cada seguidor se encuentra un líder no descubierto, y hay muchos líderes no descubiertos en las mujeres de nuestras iglesias. Pero las mujeres son líderes muy productivas. El dicho es verdadero: si tú quieres que algo sea hecho, dáselo a una mujer. Su poder de influencia es altamente efectivo. Aun cuando ella está en una posición que ha sido tradicionalmente una función de poder de posición, ella trae su influencia, sus instintos y todos sus otros dones especiales a esta función. Por esto es que, por ejemplo, la mujer es muy buena negociadora en el gobierno y en los negocios.

> Atrapado en cada seguidor se encuentra un líder no descubierto.

Hay iglesias que están llenas de mujeres, pero los hombres no les permiten ocupar posiciones de responsabilidad. Yo no entiendo esto. Las mujeres son líderes; ellas ejercen influencia en un crecimiento positivo y en el cambio. Los hombres en la iglesia frecuentemente dicen que van a hacer algo, pero luego ni siquiera se aparecen. Las mujeres no dicen nada, pero ellas aparecen, y ellas influencían a otros para que vengan también.

La liberal Harriet Tubman dijo que cuando ella cruzó la línea a la libertad, "Yo estaba libre; pero no había nadie para darme la bienvenida en la tierra de la libertad. Yo era una extraña en una tierra extraña". Muchas mujeres se sienten de la misma manera acerca de sus habilidades de liderazgo. Han sido liberadas por Cristo Jesús, restauradas a su lugar de sociedad, pero no hay nadie para darles la bienvenida a esta tierra de libertad y de servicio a Dios. Ellas se sienten como extrañas en una tierra extraña, aunque ellas están supuestas a estar en la Tierra Prometida de la iglesia.

Gálatas 5:1 dice, *"Para libertad fue que Cristo nos hizo libres; por tanto, permaneced firmes, y no os sometáis otra vez al yugo de esclavitud".*

Ya es tiempo de que los hombres le den la bienvenida a las mujeres a esta tierra de la libertad.

Principios

1. Dios puso a la mujer en liderazgo cuando, con todo propósito, El mandó a una mujer (María) a que fuera líder para su pueblo.

2. En lugar de preguntar si la mujer debería de estar en liderazgo, deberíamos preguntar cómo es que ella debe ejercitarlo, de acuerdo a su propósito y a su diseño.

3. El hombre-espíritu en cada varón y en cada mujer es un líder.

4. La ejecución del dominio es diferente para los hombres que para las mujeres, basándose esto en su propósito y en su diseño. El hombre ejercita el poder de posición y la mujer ejercita el poder de influencia.

5. El poder y la influencia son iguales, pero diferentes. Una mujer y un hombre son iguales en el liderazgo. La diferencia está en sus funciones de liderazgo.

6. El poder de influencia puede ser más sutil que el poder de posición, pero tiene un efecto muy potente.

7. Cuando una mujer no se encuentra bajo la influencia del Espíritu Santo, su influencia puede ser muy peligrosa.

8. A través de la redención, Cristo restauró a la mujer a una completa sociedad con el hombre.

9. Los escritos de Pablo con relación a la mujer reflejan dos contextos: la igualdad de la mujer con el hombre basado en su redención en Cristo Jesús y un contexto cultural.

10. Aun antes que Jesús muriera en la cruz, El afirmó a las mujeres en Su ministerio terrenal en una manera que fue revolucionaria para el hombre caído, pero que era correcta, y estaba en línea con los propósitos que Dios tenía para la humanidad en la creación.

Conclusión:
La Mujer de Proverbios 31

Ningún libro acerca del propósito y del poder de la mujer estaría completo si no se discutiera a la mujer que es considerada como la epítome tanto de la feminidad como del poder: la mujer de Proverbios 31.

Algunas mujeres ni siquiera leen este capítulo de la Biblia porque están sobrecargadas por todas las cosas que supuestamente esta mujer es capaz de hacer. "Bueno, si yo tuviera todo un grupo de sirvientes como ella tenía, ¡yo podría hacer todas esas cosas también"! ellas exclaman. Pero cuando consideramos nuestra exploración de los propósitos de Dios para la mujer desde la creación hasta la redención, y cuando pensamos acerca de cómo la mujer ha sido libertada para cumplir Sus propósitos, Proverbios 31 nos da una tremenda perspectiva de lo que una mujer debe ser. No nos sobrecarguemos, ni perdamos el mensaje central de lo que es esta mujer, cuando leemos *lo que ella hace*.

Unos de los temas que Proverbios 31 está tratando de comunicar es este: la mujer es una hacedora. La mujer puede hacer múltiples cosas a la vez. Ella es responsable de cuidar a su marido, a sus hijos, su hogar, su trabajo, sus talentos, los deberes de la iglesia, la obra de caridad, y algunas veces, a los padres ya ancianos. Ella es una ayudadora y ella es un líder. Ella recibe semilla en sus vientres físico, emocional, psicológico y espiritual, lo incuba y entonces lo usa para edificar y para transformar el mundo que la rodea.

Sin embargo, mientras que ella está cumpliendo todos estos propósitos vitales en el hogar y en el mundo, ella siempre debe recordar que *el primer lugar de la mujer está en Dios.* Proverbios 31 le recuerda a la mujer, "no descuides tu relación con Dios, y no te olvides de desarrollar Su carácter en tu ser interior a medida que vas en esta vida tan extremadamente ocupada".

Es muy fácil comenzar a olvidarse de Dios cuando tú estás teniendo cuidado de tanta gente y de tantas responsabilidades. Esto nos lleva en un círculo nuevamente a lo que hemos aprendido en el comienzo de este libro. La mujer fue creada para ser amada por Dios y para tener comunión con El como un ser espiritual hecho a su imagen. Ella fue hecha para reflejar Su carácter y semejanza, y para representar Su verdadera naturaleza. Dios creó a la mujer para que tuviera Sus características morales dentro de su ser interior. Ella no sólo tiene que reflejarlo a El como un espíritu, sino también en estas cualidades. Ella fue diseñada para actuar y para funcionar como Dios lo hace, en amor y en gracia. Por lo tanto, Proverbios 31 está diciendo, "Mientras tú estás haciendo lo que Dios te ha llamado y te ha dotado para hacer, no olvides la importancia de Su carácter en tu vida".

> **La mujer necesita sentir que es valorada por las contribuciones que está haciendo a su familia y a la comunidad.**

Mujer hacendosa, ¿quién la hallará? Su valor supera en mucho al de las joyas. (v. 10)

Engañosa es la gracia y vana la belleza, pero la mujer que teme al Señor, ésa será alabada. (v. 30)

Las mujeres necesitan darse cuenta de que su relación con el Señor y el desarrollo en Su carácter en sus vidas es un fundamento esencial que las va a fortalecer y a sostener durante todas sus actividades y logros. Con un continuo refrigerio de parte del Señor, ellas pueden encargarse con todo propósito de sus muchas responsabilidades y completar los propósitos excitantes que Dios tiene para ellas.

En algunas maneras, la mujer puede derivar su autoestima de sus actividades, tanto como el hombre deriva su autoimagen de su trabajo. Ella quiere sentir que es *valiosa* por la contribución que está haciendo a su familia y a su comunidad. Pero debido a que ella es un sensor emocional, ella coloca esta necesidad en el contexto de sus relaciones y de sus emociones, y por lo tanto, no es fácil reconocerlo tal y como es.

Jesucristo ha liberado a la mujer y la ha convertido en una socia igualitaria con el hombre para que ella pueda cumplir los propósitos de El para ella y que pueda desarrollar todos los dones que El le ha dado. El la ha liberado de los efectos del pecado y de la opresión que dice que ella es inferior a los hombres. Sin embargo, ahora que ha sido liberada, tiene que cuidarse de no oprimirse *ella misma*. ¿Cómo? Por medio de *hacer* al precio de *ser*.

El mundo nos dice que probemos lo que valemos por medio de lo que hacemos. La Biblia nos dice que aceptemos nuestro valor en Aquel que nos ama. Tú no tienes que justificar tu valor por lo mucho que tú estás haciendo por los demás o por las muchas actividades en que te encuentras involucrado.

> *Pues no habéis recibido un espíritu de esclavitud para volver otra vez al temor, sino que habéis recibido un espíritu de adopción como hijos, por el cual clamamos: ¡Abba, Padre!* (Romanos 8:15)

Primeramente, la mujer necesita encontrar su identidad y saber quién es ella en Cristo Jesús—la hija muy amada de Dios. Es solo a medida que ella hace esto que puede ser satisfecha y que puede llevar a cabo los planes de Dios para ella. Cuando una mujer se somete a Dios, Cristo va a trabajar en ella y a través de ella por Su Espíritu. De esta manera, ella será capaz de cumplir

La mujer necesita encontrar su identidad en Cristo Jesús.

con todos los propósitos que El tiene para ella—pero en Su fuerza y no en la de ella. *"Y nosotros hemos recibido, no el espíritu del mundo, sino el Espíritu que viene de Dios, para que conozcamos lo que Dios nos ha dado gratuitamente"* (1a. Corintios 2:12).

La mujer de Proverbios 31 no sólo es una mujer muy ocupada. Ella es una mujer que conoce su propósito en Dios. Por ejemplo,

- Ella conoce que debe confiar en Dios y sacar sus fuerzas de El para no ser paralizada por la ansiedad; su familia y otros con quienes ella tiene relación serán capaces de poner su confianza en ella; ellos van a conocer que ella tiene los mejores intereses de ellos en su mente (v. 11–15).

- Ella conoce que Dios valora sus habilidades y su inteligencia, y por lo tanto, ella se siente libre para buscar oportunidades y hacer planes para expander su área de influencia (v. 16–18, 24).

- Ella conoce que Dios es su Máxima Fuente de Recursos y que desea bendecirla. Así que ella se prepara para su trabajo con energía y con anticipación. Ella tiene una buena actitud y no se queja (v. 17).

- Debido a que Dios la ha bendecido, ella desea ser una bendición para los demás y ella alcanza a aquellos que son menos afortunados que ella (v. 20).

- Debido a que ella conoce que su valor viene de su posición en Dios, ella se trata a sí misma con respeto (v. 25).

- Ella se ha sumergido en la Palabra de Dios para poder conocer Sus caminos y, por lo tanto, ella es capaz de dar sabiduría de Dios e instrucción a otros. Ella honra a Jesús con su vida (v. 26).

- Debido a que ella ha conocido al Dios de toda exhortación, ella es una fuente de ánimo para su marido, para sus hijos, para sus amigos, y para sus compañeros de trabajo, y por lo tanto, ella se invierte en sus vidas (v. 28).

"Muchas mujeres hicieron lo bueno, pero tú las sobrepasaste a todas" (v. 31).

Yo te quiero exhortar con todo mi corazón a que busques todos los propósitos de Dios para ti. El creó tu espíritu de Su ser y de Su amor. El te diseñó perfectamente para poder cumplir tu llamamiento en El. Acepta la libertad que El te ha dado en Cristo Jesús. Debes saber que eres muy estimada por El. Desarrolla las ideas creativas que El te ha dado en tu ser interior. Usa los muchos dones y talentos que El ha colocado dentro de ti. Debes ser una bendición a ti misma, a tu familia y a tu comunidad, tal y como El te creó para que lo fueras.

Y más que todo, debes descubrir que no solo tu espíritu fue creado de Dios, sino que *"toda tu vida está escondida con Cristo en Dios"* (Colosenses 3:2).

Tu lugar es con El y en El.

Acerca del Autor

El Dr. Myles Munroe es un ponente motivador internacional, autor de libros de mayor venta, educador, mentor y asesor de negocios y del gobierno. Viajando extensamente alrededor del mundo, el Dr. Munroe trata temas críticos que afectan todo el desarrollo humano, social y espiritual. El tema central de su mensaje es la maximización del potencial individual, incluyendo la transformación de seguidores a líderes, y, de líderes a agentes de cambio.

El Dr. Munroe es el fundador y presidente de *Bahamas Faith Ministries International* (Ministerio Internacional de Fe de las Bahamas), una organización multidimensional con sede en Nassau, Bahamas. Es el jefe ejecutivo de la Asociación Nacional de Líderes Tercermundistas y es el presidente del Instituto Internacional de Entrenamiento de Liderazgo.

El Dr. Munroe es también el fundador y productor ejecutivo de varios programas radiales y televisivos que son transmitidos mundialmente. Además, él es un invitado frecuente a otros programas radiales, televisivos y otras redes internacionales, y, es un escritor colaborador de varias ediciones de la Biblia, diarios, revistas y boletines informativos, tales como *The Believer's Topical Bible, The African Cultural Heritage Topical Bible, Charisma Life Christian Magazine,* y *Ministries Today.* Es un autor popular con más de cuarenta libros; sus obras incluyen *La Persona Más Importante Sobre la Tierra, El Espíritu de Liderazgo, Los Principios y el Poder de la Visión, Entendiendo el Propósito y el Poder de la*

Oración, Entendiendo el Propósito y el Poder de la Mujer, y *Entendiendo el Propósito y el Poder de los Hombres.* El Dr. Munroe ha cambiado la vida de multitudes alrededor del mundo con un poderoso mensaje que inspira, motiva, desafía y faculta a las personas a descubrir sus propósitos personales, desarrollar sus verdaderos potenciales, y, manifestar sus muy originales habilidades de liderazgo. Por más de treinta años, él ha adiestrado a decenas de miles de líderes de negocios, industrias, educación, gobierno y religión. Personalmente, él da discursos acerca del desarrollo personal y profesional a más de 500,000 personas cada año. Su llamado y mensaje trasciende edad, raza, cultura, credo y trasfondo económico.

El Dr. Munroe obtuvo su licenciatura y maestría de la *Oral Roberts University,* de la *University of Tulsa,* y, le han sido otorgados varios doctorados honoríficos. Él también ha fungido como profesor adjunto de la Facultad de Teología de Oral Roberts University.

El Dr. Munroe y su esposa, Ruth, viajan como un equipo y participan juntos enseñando seminarios. Ambos son líderes que ministran con corazones sensibles y una visión internacional. Son padres orgullosos de sus dos hijos, Charisa y Chairo (Myles, hijo), quienes han culminado sus carreras universitarias.

ENTENDIENDO

el Propósito y el Poder de los

un libro para los hombres y para las mujeres que los aman

Hombres

DR. MYLES MUNROE

Entendiendo el Propósito y el Poder de los Hombres
Dr. Myles Munroe

Hoy en día, el mundo está mandando señales conflictivas acerca de lo que significa ser un hombre. Cuando los hombres entienden el propósito que Dios les ha dado, y el verdadero diseño de su relación con las mujeres, ellos van a ser capaces de cumplir su destino y todo su potencial. Este libro te va a ayudar a que entiendas al hombre en la forma en que debe de ser.

ISBN: 978-0-88368-963-9 • Rústica • 288 páginas

WHITAKER
HOUSE

www.whitakerhouse.com

Entendiendo el Propósito y el Poder de la Oración
Dr. Myles Munroe

Dios, el Dios Altísimo, Dios el Creador de los cielos y la tierra—el mismo Dios en todo Su poder y en toda Su majestad, se detiene y escucha cuando usted ora. Todo lo que Dios es—y todo lo que Dios tiene—puede ser recibido por medio de la oración. Dios le ha dado a la humanidad una licencia terrenal para la interferencia celestial. El Dr. Myles Munroe proveyendo respuestas prácticas a preguntas difíciles acerca de la comunicación con Dios. Prepárese a entrar en una nueva dimensión de fe, a una revelación del amor de Dios más profunda y a renovar el entendimiento de que sus oraciones verdaderamente pueden mover la mano de Dios.

ISBN: 978-0-88368-964-6 • Rústica • 272 páginas

WHITAKER
HOUSE

www.whitakerhouse.com

Los Principios y el Poder de la Visión
Dr. Myles Munroe

El autor de best-sellers, Dr. Myles Munroe explica la
forma cómo tú puedes llegar a hacer de tus sueños y
de tus esperanzas una realidad viviente. *Los Principios y
el Poder de la Visión* te va a proveer con principios que
han sido probados a través de los tiempos, y que te
van a capacitar para poder llevar a cabo tu visión, sin
importar quién eres tú, o de dónde vienes tú.

ISBN: 978-0-88368-965-3 • Rústica • 272 páginas

WHITAKER
HOUSE

www.whitakerhouse.com

La Persona Más Importante Sobre la Tierra:
El Espíritu Santo, Gobernador del Reino
Dr. Myles Munroe

¿Es realmente posible que venga el cielo a la tierra? En La Persona Más Importante Sobre la Tierra, el Dr. Myles Munroe, autor de libros de mayor venta, explica cómo el Espíritu Santo es el Gobernador del Reino de Dios sobre la tierra, al igual que los gobernadores reales administran la voluntad de los reyes terrenales en sus territorios. Cuando luchamos con la derrota y el desaliento, el Espíritu Santo es la clave para obtener victoria y paz. Bajo la guía y capacitación del Espíritu Santo, nosotros somos los representantes del Reino—brindando esperanza, sanidad, gozo, paz y poder en el nombre del Rey. Irrumpa en el propósito y poder para su vida hoy.

ISBN: 978-0-88368-998-1 • Rústica • 320 páginas

WHITAKER
HOUSE

www.whitakerhouse.com